やさしく知りたい先端科学シリーズ7

サブスクリプション

小宮紳一　著

創元社

はじめに

日本では、2018年前後より「サブスクリプション」あるいは「サブスク」という言葉がマスコミを賑わすようになりました。定額制でさまざまな商品を購入したり、サービスを利用したりできるサブスクリプションは、その利便性や経済性が支持され、世界的な広がりを見せています。特に、定額制で動画や音楽を視聴できるネット配信型サブスクリプションは、いまやエンターテインメント領域のメインストリームになろうとしています。

サブスクリプションは本来、新聞や雑誌などの定期購読を表す言葉であり、何十年も前から存在するビジネスモデルです。では、なぜ今、サブスクリプションが注目され、多くの支持を集めるようになったのかというと、ITの進歩により生まれた先端科学技術を活用した現代型サブスクリプションが登場しているからです。この新しいタイプのサブスクリプションは、AI（人工知能）やIoT、クラウドコンピューティング、ネットマーケティング、さらには高度な物流システムを活用して、先進的なサービスを生み出しています。本書は、この現代型サブスクリプションを中心に、サブスクリプション・ビジネスの全体像とそれを支えるデジタルテクノロジーの関係を解説していくものです。

本書内の表現については、できるだけ専門用語を使わずに、わかりやすく伝えるようにしています。また、技術的な解説もあまり細部にこだわり過ぎず、概要を伝えるように配慮しています。本書を読むことで、読者の皆さんがサブスクリプション・ビジネスとそれを支える先端科学技術への理解を深めていただければ幸いです。

2020年8月　小宮紳一

Contents

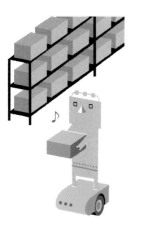

Chapter
4

**広がりを見せる
サブスクリプション・
サービス**

Chapter

5

サブスクリプションで
変わる新しい社会

Chapter 1

サブスクリプション・サービスの変遷

消費者意識の変化やIT、イ
ンターネットの進化、物流の
進歩を背景として、5タイプ
の現代型サブスクリプション
が登場しています。

01 サブスクリプションとは何か

世界中で注目されるサブスクリプション・ビジネス

「サブスクリプション（Subscription）」、あるいは省略して「サブスク」という言葉が、2018年前後より日本を含め、世界中で脚光を浴びるようになってきました。「サブスク型ビジネス」という言葉も生まれ、ビジネス的に大きな可能性を秘め、さまざまな業界や企業を変革するものとして期待されています。

実際、2019年末の世界時価総額ランキングにおいて、上位10社のうち6社がサブスクリプションを採用しています。Apple（アップル）やMicrosoft（マイクロソフト）、Google（グーグル）の持ち株会社であるAlphabet（アルファベット）、Amazon.com（アマゾン・ドット・コム）など、世界中で多くの人が日常的に利用しているサービスの事業者が並んでいます。

世界時価総額ランキング

順位	企業名(国名)	時価総額 (10億ドル)	順位	企業名(国名)	時価総額 (10億ドル)
1	サウジアラムコ(サウジアラビア)	1879	6	フェイスブック(米国)	585
2	アップル(米国)	1304	7	アリババ・グループ・ホールディングス(中国)	569
3	マイクロソフト(米国)	1203	8	バークシャー・ハサウェイ(米国)	554
4	アルファベット(米国)	922	9	テンセント・ホールディングス(中国)	461
5	アマゾン・ドット・コム(米国)	916	10	JPモルガン・チェース(米国)	437

色文字がサブスクリプション採用企業。2019年12月末日時点の株価×発行済株式数により算出

日本でもサブスクリプションは1兆円市場に

日本でも、自動車やファッション、エンターテインメント、メディア、ソフトウェア、美容・ヘルスケア、外食、家具、家電、食品など、多くの分野でサブスクリプションが採用され、続々と企業が参入しています。特に、デジタルコンテンツの世界での普及は著しく、動画配信の Netflix（ネットフリックス）や Hulu（フールー）、音楽配信の Spotify（スポティファイ）などのサブスクリプション・サービスが多くの人に利用されるようになっています。

サブスクリプションの国内市場規模は、2018 年には 1 兆円を超え、5 年後の 2023 年には 1 兆 4000 億円を突破することが見込まれています。

サブスクリプション・サービス市場規模の推移と見込み

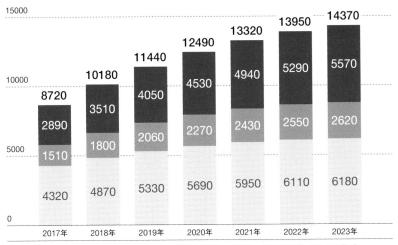

（単位:億円）　■ サービス・健康・教育　■ 物品購入・レンタル　■ デジタルコンテンツ

「2020 年 サブスクリプションサービスの市場動向調査」（出典：ICT 総研）をもとに作成

従来から存在するサブスクリプション

「サブスクリプション」という言葉は、「予約購読」「会費」などを意味するもので、従来は定期購読や年間購読という意味で使用されていました。新聞や雑誌の定期購読のように、月額や年額などの定額制で、利用者に継続的に料金を支払ってもらい、商品（雑誌や新聞）を提供していくサービスです。これがサブスクリプションの基本要素となります。

すなわちサブスクリプションとは、「定額制（月額・年額など）の継続的な課金により、商品やサービスを利用者に提供していくビジネス」のことです。雑誌や新聞の定期購読が長い歴史を持っているように、サブスクリプションは長く存続してきたビジネスモデルです。雑誌や新聞の定期購読のほかにも、私たちの身の回りには、定額を継続的に支払うことによって商品を定期的に受け取ったり、サービスを利用したりできるサブスクリプションが数多く存在し、従来から日常的に利用していることに気付くはずです。

従来型のサブスクリプション
- 各種公共料金（ガス、水道、電気、公共放送）
- 定期購入（サプリメントなど）、頒布会
- 携帯電話料金、ネットのプロバイダ料金
- 各種保険料金
- 賃貸料金（家賃、駐車場代）
- コピー機などのメンテナンス料金
- 各種学校、カルチャーセンター、スポーツクラブの学費・会費
- オフィスなどの定期清掃料金
- 掃除用具や給水機のレンタル料金

たとえば、雑誌の定期購読の場合、店舗に行かなくても商品が手元に届く利便性や、長期購読することで割引や特典が付くなどの経済性を利用者のメリットとして挙げることができます。一方、出版社は、一定期間の定期的な売上が見込めることがメリットになります。

ではなぜ、古くから存在するサブスクリプションが、近年、注目を集めるようになったのでしょうか。それは、IT（Information Technology、情報技術）やインターネットを活用した新しい「現代型サブスクリプション」が登場するようになったからです。現代型サブスクリプションには、クラウドやレコメンド、データドリブン、Unlimited（アンリミテッド、○○放題）など、新たな魅力が備わっています。次節以降で、この現代型サブスクリプションが登場した背景とその分類について解説していきます。

サブスクリプション・サービスの広がり

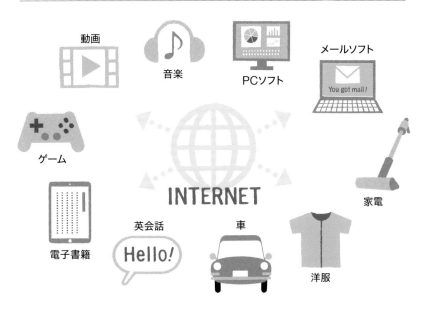

消費志向の変化に合致する現代型サブスクリプション

少子高齢化の進展と消費離れ、所有欲の減退

現代型サブスクリプションが登場する社会的背景として、3つの要因を挙げることができます。それは、①消費者意識の変化、② IT、インターネットの進化、③物流の進歩です。

サブスクリプションが改めて注目を浴びるようになってきた要因として、まず、「消費者意識の変化」が挙げられます。少子高齢化の進展とともに若者の人口が減少しているだけでなく、若者を中心とした「消費離れ」「所有欲の減退」が言われています。消費者庁の報告によれば、所得に占める消費の割合を表す「平均消費性向」は長期的に低下傾向ですが、特に、20歳代、30歳代前半は全体より低下幅が大きく、消費に慎重になっています。これは、将来への不安や可処分所得の伸びが低調であることなどが原因です。

「所有」から「利用」へ

このように、若者を中心に消費離れ、所有欲の減退が明白になっている現在、新たな傾向として見えてきたのが、「モノ消費からコト消費への移行」と「所有から利用への意向の変化」です。所有に価値を置いて物を購入する消費行動（モノ消費）から、所有では得られない体験や人間関係に価値を見いだして、旅行や芸術鑑賞、スポーツ観戦、習い事などのレジャーやサービスにお金を使うこと（コト消費）を重視する傾向が顕著になってきています。

サブスクリプションは、このような消費志向の変化に合致するサービスと考えられています。このため、ファッション分野においては、洋服やバッグ、アクセサリー、時計などを定額で何回でもレンタルできるサブスクリプション・サービスが登場し、注目を集めるようになりました。

たとえば、高級ブランドバッグのサブスクリプションを利用した場合、購入すれば何十万円もするようなバッグであっても定額で借りることが可能です。あるいは、自動車のサブスクリプションを活用することで、高級車でも気軽に使えるようになりました。高価なバッグや自動車を購入して「所有」しなくても、「利用」という「体験」を楽しむことができるようになるのです。サブスクリプションは、物が売れなくなっている現代に合致したビジネスモデルとして、高い注目を集めるようになりました。

年齢層別の平均消費性向の推移

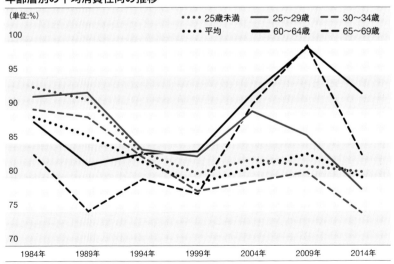

二人以上の世帯のうち、勤労者世帯の可処分所得に占める消費支出の割合を記載した「全国消費実態調査」（総務省）をもとに作成。「平成29年版　消費者白書」（消費者庁）掲載資料より

IT、インターネットの進化が
与える影響

インターネットの高速・大容量化

現代型サブスクリプションが登場した理由の2つ目は、「IT、イン
ターネットの進化」です。特に、インターネットが高速・大容量化
することによって、さまざまな変化が生まれました。

インターネットが普及する以前は、ソフトウェアはパッケージ販売
されていました。しかし、通信の高速・大容量化により、インター
ネットを通じて大きなデータのやり取りが可能になり、ソフトウェ
アを開発・販売する事業者から、利用者がダウンロードして直接購
入し、利用できるようになったのです。このように、ソフトウェア
の販売方法が変わったことで、流通コストが大幅に低減しただけで
なく、流通のスピードもアップしました。

また、パッケージでソフトウェアを販売していた時代には、ソフト
ウェア事業者は1年半から2年、あるいはそれ以上の長いスパン
で開発を行い、魅力的な新機能の搭載や機能の改善などによるバー
ジョンアップ版を発売していました。しかし、ITやネット環境の
変化するスピードは年々速くなり、長期スパンの開発では対応でき
なくなったのです。そこで、利用者のパソコンにインストールされ
たソフトウェアの改良・修正などを、インターネットを通じて行う
ことが徐々に増えていきました。そして、このような頻繁な改良・
修正を有償化して提供していく手段として、定額制・継続課金方式
のサブスクリプションが注目され、導入されはじめたのです。

大きく変化したソフトウェアの利用方法

さらに、ソフトウェアを自分のパソコンにインストールせずに、必要なときにインターネット経由でアクセスして使ったり、必要なサービスだけを利用したりするというような利用方法も普及していきました。また近年では、コンテンツをダウンロードしなくても、ネット上で動画や音楽をリアルタイムに楽しむことも可能になりました。

リアルな物を扱うビジネスに比べ、ソフトウェアは同一製品をつくるための複製コストが安価で済むという特徴があります。また、前述のように流通コストが低減したこともあり、ソフトウェアの分野で、低価格の定額制で利用できるサブスクリプションが登場し、普及するようになったのです。

ソフトウェア流通の変化

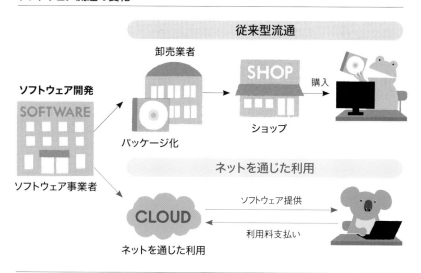

従来、パッケージ化されたモノとして「購入」されていたソフトウェアの流通は、ネットを通じて定額制で「利用」する形に変化している

ITを活用した既存顧客の維持

サブスクリプションでは、既存顧客の維持と新規顧客の獲得がビジネスの基本施策となります。この点においても、IT、インターネットの進化が大きな影響を与えています。

サブスクリプションは、定額で継続的に課金するビジネスであるため、既存顧客にいかに長期間、使いつづけてもらうかが重要です。このため、顧客の管理や適切なコミュニケーションが大切ですが、ITをフルに活用して、これらを実施している企業が増えています。

顧客の属性や購買履歴などの情報をデータベース化して管理し、顧客別に最適なアプローチや情報発信を行い、緊密な関係性を構築していく手法は、CRM（Customer Relationship Management）とも呼ばれ、すでに実践している企業は数多くあります。利用者の属性や要望をきめ細かく管理し、商品やサービスにフィードバックしたり、適切なタイミングでメッセージを送ったりすることで、既存顧客の維持に高い効果をあげています。また、このような従来からの顧客管理手法に加え、インターネットを活用した「パーソナライズ（個別化）」などの手法も登場しています。

インターネットを活用した新規顧客の獲得

新規顧客の獲得において、サブスクリプションでは従来から「2ステップマーケティング」という手法が用いられてきました。自社のターゲットとする層に対して、無料体験や無料サンプル、お試し価格などを用意して試用・体験してもらい、気に入れば正式に継続利用してもらうという手法です。最初のステップで見込み客を集め、そこから実際の継続利用者を獲得していくのです。事前に試用する

ことで、商品やサービスの価値をわかっていて申し込むため、入会後の不満も少なく、継続率を高めることができます。

このような従来からあるマーケティング施策に、見込みの高い層を抽出するインターネットのさまざまなターゲティング手法を組み合わせることによって、より効果的な新規顧客の獲得が可能になってきています。

下図は、消費者の購買行動をモデル化したものに、キャンペーンの施策を組み込んだサブスクリプション・マーケティングの一例です。各ステップにターゲティング手法が組み込まれていることがわかります。このように、インターネットの進化により、新規顧客の獲得についても大きな変化が生まれているのです。

サブスクリプションのマーケティングプラン（例）

* SEO（検索エンジン最適化）とは、検索結果の表示順位を向上させて、より多く露出するための施策

Chapter 1

04 現代型サブスクリプションを支える物流の進歩

Eコマースの利便性を高めた物流システム

現代型サブスクリプションが登場した3つ目の理由は、「物流の進歩」です。インターネットの発達によりEコマースが普及し、今や日常生活に欠かせないものとなっていますが、このEコマースを裏で支えているのが高度な物流です。

日本は国土が狭いという要因もありますが、小口の宅配便が非常に発達しています。地域差はありますが、「今日注文すれば、翌日には自宅に届く」というスピーディーな配送が実現されています。多品種、多頻度、小ロットでの物流の実現は、Eコマースの利便性を高めている大きな要因です。

受け取り先まで物資を運ぶ「物流」には、大きく6つの機能があります。「輸送」「保管」「荷役」「包装」「流通加工」「情報処理」です。これらの機能が高度に進化しつづけており、Eコマース以外に普及した新たなネットサービスにも対応するようになっています。

たとえば、メルカリなど、個人対個人で行われる売買であるC to C（Consumer to Consumer）では、取引が「多対多」という形態となり、取り扱う品種も多種多様です。このような取引形態も、高度に整備された物流があればこそ普及しているのです。

サブスクリプション・サービスの複雑な物流システム

衣料品やバッグ、ジュエリーなど、リアルな物を扱うレンタル形式のサブスクリプションにおいても物流は煩雑になります。たとえば、洋服のサブスクリプション・サービス airCloset（エアークローゼット）では、スタイリストが選んだ3着の洋服を会員に届け、返却すれば何回でも借りることが可能な「定額・借り放題サービス」を展開しています。会員にとっては利便性が高く、うれしいサービスですが、事業者側の物流システムは非常に複雑になります。

保管している倉庫から会員それぞれにピックアップした異なる洋服を送り、返送があれば修繕やクリーニングを行い、再び保管、必要に応じてまた配送するという「ピックアップ→配送→返送→修繕→保管」という作業を繰り返していかなければなりません。Eコマースであれば一度の配送で終了するところを、サブスクリプション・サービスでは、複雑な物流のしくみを構築しなければならないのです。現代型サブスクリプションが生まれている背景には、高度に発達した物流の存在があることも大きな要因なのです。

ネットサービスの物流条件比較

	取引形態	配送・返送	品種	頻度
Eコマース (B to C)	1対多	配送のみ	多	多
C to C	多対多	配送のみ	多	多
シェアリング	多対多	配送・返送	多	多
サブスクリプション	1対多	配送・返送	多	多

Eコマース、C to C、シェアリング、サブスクリプションに共通するのが「多品種」「多頻度」であり、それを支えているのが高度な物流システム

リースやレンタル、シェアリングとの違い

所有せずに利用するリースやレンタル、シェアリング

現代型サブスクリプションが登場してきた要因として、「所有から利用への消費者意識の変化」を挙げました。しかし物を所有せずに利用する方法としては、「リース」や「レンタル」という形態が存在します。また最近では、「シェアリング」という手段も登場してきました。これらを「所有権の移転」という切り口で分類すると、販売や割賦は所有権の移転を伴いますが、リースやレンタル、シェアリングなどは、利用者に所有権は移りません。

支払いが完了すると所有権が移転する割賦

割賦販売は、設備や物件を分割払い方式で販売する契約形態です。中・長期的な契約期間が設定され、支払いが終了するまでは所有権は留保され、支払い完了により所有権が利用者に移転します。利用者は所有を目的として割賦を利用し、中途解約や対象物品の変更は認められません。

主に企業の設備投資に利用されるリース

リースは、主に企業の設備投資に利用され、設備や機器などを購入するのではなく、リース会社から借りて利用する契約形態となります。通常、2年以上の長期契約となり、リースする対象はコピー機や複合機などのOA機器、パソコンなどのIT機器、自動車、工場で使用する機械など、多種多様です。

リース契約では、所有権はリース会社が保有します。リース期間中に支払うリース料は定額制で、機器の購入代金だけでなく、金利や固定資産税、損害保険料などの諸経費が含まれています。また、中途解約や対象機器の変更は原則的に認められず、契約期間終了後は、機器はリース会社に返却されるか、再リースで継続利用します。

借りることに対して料金を支払うレンタル

現在、CD や DVD、自動車、洋服など、さまざまな物がレンタルで利用できるようになっています。さらに、オフィスや会議室、レンタルボックスなど、空間のレンタルも普及するようになりました。レンタルは、商品やサービスを利用者が選び、「借りる」ことに対して料金を支払います。日・週・月単位など、短期間での利用が特徴で、所有権はレンタル会社が保有し、移転はありません。中途解約や対象物品等の変更は可能です。割賦やリースは顧客が特定されますが、レンタルの顧客は不特定多数を対象とします。

割賦、リース、レンタルの違い

	割賦	リース	レンタル
料金	定額	定額	定額(延滞料あり)
所有／利用	所有	利用	利用
商品の変更	不可能	不可能	可能
企業の収益	継続的	継続的	断続的

設備や物件に対する利用者のニーズに合わせて、調達の手段を検討する

遊休資産を共有するシェアリング

シェアリングは、個人や企業が所有する遊休資産などを貸し出し、利用者と「共有する」サービスであり、利用量・利用時間に対して料金を支払います。ネット上のプラットフォームを活用して、現在使っていない部屋や自動車、バッグなどを貸借します。また、このように活用可能な資産（物や場所など）を多くの人と共有・交換する社会的なしくみを「シェアリング・エコノミー」と呼びます。

近年、シェアリングは、さまざまな分野に拡大しています。大別すると、①物品のシェア、②空間のシェア、③移動のシェア、④スキルのシェア、⑤お金のシェアに分類されます。

物品のシェアとは、普段使っていない物を貸し出したり、販売したりするサービスで、フリーマーケットやレンタル・サービスなどが相当します。

空間のシェアは、使用していない場所や物件を活用するもので、Airbnb（エアビーアンドビー）に代表される民泊や駐車場、会議室、ホームシェアなど、多くのサービスが生まれています。

移動のシェアとは、同じ目的地に向かう人同士が同じ車に乗るというコンセプトのサービスです。米国では、Uber（ウーバー）などの「ライドシェアリング（相乗り）」が普及しています。自動車そのものをシェアするサービスは「カーシェアリング」と呼ばれますが、ライドシェアリングは、ドライバーがいる車に会員が同乗するサービスであり、コンセプトが異なります。

配車仲介サービス

ドライバー、
タクシー会社等

利用者

ドライバー登録

ユーザー登録

配車依頼

配車依頼

報酬

サービス料

輸送サービス（目的地までの送迎）

ライドシェアリングは、ドライバー・利用者が配車仲介サービスのプラットフォームに登録し、配車
依頼から決済までをスマートフォンで行える

スキルのシェアとは、空き時間や休日などを利用して、個人の持つ
スキルや得意なことを他の人に提供していくものです。ホームペー
ジの制作やプログラミング、家事代行、教育、観光など、多くの人
が参加して活性化している分野です。

お金のシェアは、不特定多数の人がインターネットなどを通じて他
の人や組織に金銭の提供をする「クラウドファンディング」がよく
知られています。

シェアリングは、リース、レンタルと同様に所有権の移転はなく、
利用量・利用時間に対して料金を支払う「従量制」であり、サービ
スの中途解約・休止も可能です。これに対してサブスクリプション
は、利用量に対して支払う従量制ではなく「定額制」であり、商品
の変更が可能なサービスも数多くあります。サブスクリプション・
サービスの中には、レンタルと組み合わせたり、シェアリングを商
品調達に活用したりしているビジネスモデルも存在します。

企業での利用が進む
クラウド・SaaS型
サブスクリプション

5つのタイプに分類できる現代型サブスクリプション

「消費者意識の変化」「IT、インターネットの進化」「物流の進歩」により登場した現代型サブスクリプションは、5つのタイプに分類することができます。①クラウド・SaaS型サブスクリプション、②レコメンド型サブスクリプション、③データドリブン型サブスクリプション、④ネット配信型サブスクリプション、⑤Unlimited型サブスクリプションです。また、これらを複合したサービスも登場しています。

クラウドサービスによるサブスクリプション

インターネットの高速・大容量化に伴い、インターネットを通じてソフトウェアを利用することが一般的になりました。このように、インターネットを介してソフトウェアやサービスを提供する形態を「クラウド」あるいは「クラウドサービス」と呼びます。クラウドは、さまざまなサービスの包含的なコンセプトです。

クラウドサービスの1種であるSaaS（Software as a Service、サースまたはサーズ）は、インターネットを介してソフトウェアの機能を提供するサービスを指し、身近な例としては、Gmailのようなメール機能、LINEやTwitterのようなコミュニケーション機能などを挙げることができます。現在、クラウドサービスは、勤怠管理、会計などの業務系やメール配信システム、Web制作、教育系など、多くの分野で活用されるようになっています。

クラウド・SaaS型サブスクリプションのメリット

近年では、企業でもクラウドでソフトウェアやサービスを利用することが増えてきました。クララウドサービスを一部でも利用している企業の割合は、2018年で約6割にも達しています。企業での利用の内訳としては、ファイル保管、データ共有、サーバー利用、電子メールなどが上位になっていますが、情報共有やスケジュール共有など、グループウェア的な利用も増加しています。このような流れの中、クラウドサービスを定額・月額制のサブスクリプションで提供する事業者が増えています。こうしたクラウド・SaaS型サブスクリプションの利用者メリットには、以下のようなものが挙げられます。

- 購入と比較して、安価な月額・年額で利用できる
- 新たなハードウェアの用意やインストール作業などを 必要とせず、契約後、すぐに利用開始できる
- 特定のパソコンにインストールして利用する場合と違い、 インターネットにアクセスできれば、どこからでも利用できる

企業におけるクラウドサービスの利用状況

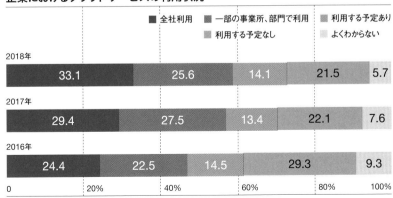

「平成30年通信利用動向調査」（総務省）資料をもとに作成

データ活用で進化する
レコメンド型
サブスクリプション

パーソナライズとレコメンデーション

IT、インターネットの進化により生まれた新しいサブスクリプションとして、「レコメンド型サブスクリプション」があります。利用者に対して、個別におすすめのアイテムやコンテンツを提示していくサービスです。これを支える技術が「パーソナライズ（個別化）」と「レコメンデーション（おすすめ）」です。

パーソナライズとは、ネット上のサービスやEコマースにおいて、登録情報やWebサイトの閲覧履歴などから個人ごとに異なる情報を提示することです。一方、レコメンデーションは、利用者情報をもとに、嗜好や興味・関心に合致するコンテンツや商品を提示します。

たとえば、AmazonのWebサイトで商品を検索すると、商品情報以外に「おすすめ商品」が表示されます。これは、Amazonが独自のレコメンド機能（おすすめ機能）を使い、個人の閲覧履歴や購買履歴に基づくおすすめ商品を提示しているのです。

動画配信サービスのNetflixやAmazonのPrime Video（プライム・ビデオ）、音楽配信サービスのSpotifyなどは、膨大な利用者データをもとに、このレコメンド機能を駆使して、個人レベルの興味・関心に合致するような、おすすめの動画や音楽を提示します。現代のサブスクリプションにおいて、レコメンド機能は競合に対する差別化の強力な手段となっています。

個人の趣味・嗜好に合致するレコメンド型

従来からあるサブスクリプション・サービスに、毎月定額を支払う
とセレクトされた商品が送られてくる「頒布会」があります。ワイ
ンや日本酒、フルーツなど、セレクトされた商品が定期的に送られ
てくるサービスで人気がありますが、「好みでない内容のものが届
くことがある」というデメリットがあります。これは、頒布会形式
が個別の嗜好にまで対応しきれていないことが要因です。

レコメンド型サブスクリプションは、利用者のさまざまなデータを
蓄積・分析することによって、できる限り個人の嗜好に合わせた物
やサービスを届けるように進化しています。先進的な企業は、すで
に AI（Artificial Intelligence、人工知能）を活用したレコメンド
機能を実装しはじめており、より的確なレコメンドを提供するしく
みを構築しています。現代のサブスクリプション・ビジネスにおい
て、的確なレコメンドは非常に重要な要素だからです。また、利用
者からのフィードバックも反映させ、さらにレコメンドの精度を上
げるなど、サービスを継続的に改善しています。

レコメンド型サブスクリプションの構造

サブスクリプション事業者は、顧客データの蓄積と AI を活用した分析によって、顧客の嗜好に合わ
せた商品のおすすめ（レコメンド）を行う

顧客満足度を高める
データドリブン型
サブスクリプション

データ主導による分析や意思決定

「データドリブン」とは、売上データや顧客データ、Web サイトの閲覧履歴データなど、さまざまなデータを収集・分析し、マーケティングから新製品開発、製造、営業など、企業活動全般に活かしていこうというコンセプトです。企業活動全般において、データによる判断を重視する経営手法を「データドリブン経営」と呼びます。このようなデータ主導による分析や意思決定を重視して、サブスクリプション・サービス全般に活用していこうとするデータドリブン型の事業者が現れています。

スマートフォンの普及により、消費者は時間や場所を気にせずに必要な情報を入手したり、SNS（Social Networking Service）などを通じて気軽に情報発信したりできるようになりました。このため、消費者行動は従来よりも非常に複雑になってきています。この複雑化する消費者行動の変化に対応し、顧客満足度を高めるために、データの収集・分析や活用が重要になってきているのです。

調達から既存顧客の維持まで、徹底したデータ活用

airCloset は、女性向け月額制の洋服レンタルサービスで、2020 年4 月現在の会員数は 30 万人に及びます。会員には、スタイリストが登録情報に合わせてコーディネートした洋服が、1 回につき 3 着配送されます。同社は徹底したデータドリブンの事業体制を構築し、ツールの拡充や組織教育を行っています。また同社には、30

万着以上の品揃えがありますが、これらのアイテムについて、調達
や在庫、貸出数、会員の評価など、さまざまなデータが集積され、
かつ可視化されています。

たとえば、カテゴリー別の「貸出点数の推移」も月次ベースで確認
できるようになっており、無駄のない効率的な調達が可能になりま
す。さらに、「色別の貸出回数」や「洋服への感想」などもデータ
化されており、スタイリストが随時、参考にできるようになってい
ます。このような分析指標データは 200 以上も用意されていて、
これらのデータを活用することによって、「PDCA サイクル」を回
し、事業を恒常的に改善しているのです。PDCA サイクルとは、
「Plan（計画）」「Do（実行）」「Check（評価）」「Action（改善）」
を繰り返すことによって、生産管理や品質管理などのさまざまな業
務を継続的に改善していく手法です。

また、目標を数値化した KPI（Key Performance Indicator、重
要業績評価指標）を設定することで、目標達成のパフォーマンスを
全社レベルで管理しています。KPI は、一般的に月次、週次など、
一定の期間を定めて計測されます。これにより、目標の達成状況が
全社的に可視化され、進捗に問題がある場合は迅速な対応策がとれ
るようになります。KPI は売上高や利益成長率などの財務的な指標
だけでなく、セールス部門におけるアポイント件数や成約率、顧客
管理における顧客満足度やクレーム件数、製造部門では稼働率、不
良率など、多岐にわたり活用されている指標です。

airCloset の事例のように、全社的にデータドリブンの体制を採る
ことで、業務や顧客の満足度を持続的に改善し、競争力を高めてい
るデータドリブン型サブスクリプションは、アナログベースの時代
には見られなかった新しいビジネスモデルです。

動画や音楽配信で成長する ネット配信型 サブスクリプション

個人に身近なサブスクリプション

インターネットの高速・大容量化は、ネットを利用した動画や音楽の視聴を普及させ、現在では、スマートフォンなどのモバイル機器でもストレスなく動画や音楽を楽しめるようになりました。「ネット配信型サブスクリプション」とは、インターネットを通じて動画や音楽、書籍、雑誌などを定額で配信する、私たち個人に最も身近なサービスです。

定額制が主流になった動画や音楽の配信サービス

動画配信サービスは、広告収入型モデル（無料）と課金型モデル（有料）に分けられます。課金型モデルは、見たい作品を有料でダウンロードする買い切り型動画配信（Electric Sell Through、EST）やレンタル型動画配信（Transactional Video On Demand、TVOD）が一般的でしたが、近年は、月額料金を支払うことで数多くの動画が視聴し放題になる定額制動画配信（Subscription Video On Demand、SVOD）が主流になっています。グローバル展開するNetflix、Hulu、Amazon Prime Video などが、このサービスで世界的な支持を得ています。

動画のネット配信型サブスクリプションは、その売上高や契約数において、サブスクリプションにおける最大規模の市場を形成しています。サービスも拡充しつづけていて、次のようなサービスが付加されるようになっています。

●マルチデバイス対応

（パソコン、スマートフォン、テレビ、タブレットなど、

複数の機器で視聴が可能）

●ダウンロード視聴が可能

●同時視聴が可能

●テレビ番組の見逃し配信

（地上波テレビなどで放送された過去回を閲覧できるサービス）

●高画質の HD（High Definition Video、高精細度ビデオ、

ハイビジョン）、4K 対応

一方、音楽配信サービスは、従来、好きな曲を 1 曲あるいはアルバム単位でダウンロードして購入するダウンロード課金サービスが主流でした。しかし、定額配信サービス（Subscription Music Service）の登場と急成長により、2016 年以降は売上高においてダウンロード課金サービスを上回るようになりました。定額配信サービスは、月額・定額制で音楽が聴き放題になるサービスです。グローバルマーケットにおけるシェアにおいては、Spotify、Apple Music（アップル・ミュージック）、Amazon、Pandora（パンドラ）などが上位を占めています。特に Amazon は、Prime Music（プライム・ミュージック）と Amazon Music Unlimited（アマゾン・ミュージック・アンリミテッド）の 2 つのサービスを展開し、高い成長率を維持しています。

「見放題」に代表される Unlimited型 サブスクリプション

大量のコンテンツや商品を揃えて、割安感を生み出す

新しいサブスクリプションの形態として登場し、トレンドとなっているのが「Unlimited（アンリミテッド）型サブスクリプション」です。これは、「見放題」「聴き放題」など、定額の支払いで、何回でも好きなだけ動画を鑑賞したり、音楽を聴いたりできるサービスです。

このサービスの特徴は、大量のコンテンツや商品を取り揃えていることです。これにより、都度支払う単品の購入やレンタルよりも、圧倒的な割安感を生み出しているのです。動画や音楽の配信サービスにおいて、ダウンロード課金サービスが定額配信サービスにシェアで追い抜かれた理由が、この Unlimited という要素なのです。

Unlimited 型サブスクリプションは、デジタルコンテンツ系やクラウド・SaaS 系など、ネットサービスを中心に広がりはじめました。これは、リアルな物を扱うプロダクト系サービスに比べ、複製・配信コストが低いからです。

音楽のサブスクリプション・サービスを利用している理由について調査したデータでは、「お金を気にせず何度でも利用できるから」という理由が第 1 位に挙げられています。動画配信サービスにおいても、この理由は第 2 位になっています（2018 年マクロミル調査）。また、クラウド・SaaS 型サブスクリプションでも、定額制で何度でも利用できることが当たり前になっているのです。

デジタルコンテンツ系サービス

●U-NEXT（ユーネクスト）：月額 1990 円で、
　動画 13 万本が見放題、雑誌 70 誌が読み放題
●Hulu：月額 1026 円で、動画約 5 万本が見放題
●Spotify：月額 980 円で、5000 万曲が聴き放題
　（データは 2020 年 3 月現在。プランが複数あるものは 1 つだけ掲載）

リアルな物や店舗系でもUnlimited型が増加

リアルな物を扱うプロダクト系サービスや店舗系でも Unlimited
型サブスクリプションは増加しています。「借り放題」は、現在、
借りているプロダクトを返却することで、何回でも借りられるサー
ビスです。

プロダクト系サービス

●Laxus（ラクサス）：
　月額 6800 円で、約 3 万種類のバッグが借り放題
●メチャカリ：月額 5800 円で、40 万点の洋服が借り放題
●Sparklebox（スパークルボックス）：
　月額 3000 円から、2000 種類のアクセサリーが借り放題
　（プランによって上限額の違いあり）
●airCloset：月額 9800 円で、30 万着の洋服が借り放題

Unlimited型サブスクリプションのビジネス構造

単品でも販売されているコンテンツやプロダクトを大量に調達し、
Unlimited 型サブスクリプションで提供していく方法でビジネス
が成立するのか、疑問を抱く人もいるかと思います。このビジネス
構造について、音楽のサブスクリプションを例に説明します。

従来、音楽産業において、レコード会社は主に CD を販売することで収益を得ていました。この場合、CD の売上から CD の製造費や販売店舗への配送費・販売手数料、ミュージシャン・作詞家・作曲家への印税等の諸費用を引き、残りがレコード会社の収入になります。

Unlimited 型サブスクリプションの場合、レコード会社は Spotify など配信プラットフォームからの再生回数に応じた金額を受け取るビジネスに変わります。主な費用はミュージシャン等への印税のみですが、1 再生当たりの収益は通常、1 円以下と非常に低額です。

しかし、CD 販売では店頭での露出数や販売期間が限定されるのに比べ、サブスクリプションは継続的かつグローバルに配信されます。また、レコメンドもあるので、新曲でなくても再生される可能性が生まれます。CD の売上が低迷する現在、レコード会社はサブスクリプション市場と無関係では存続できなくなっています。

世界の音楽市場売上の変遷

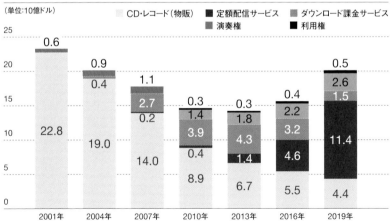

2019 年には、Unlimited 型の定額配信サービス（含む、広告モデル）の売上は 114 億ドル（約 1 兆 2150 億円）となり、全世界の音楽売上全体の 56.1％を占めるまでに成長した。「Global Recorded Music Industry Revenues 2001-2019」（国際レコード産業連盟）をもとに作成

現代型
サブスクリプション
を支える
デジタルテクノロジー

AIやIoT、5Gに代表される
デジタル技術の活用と高度な
物流システムが、現代型サブ
スクリプションの隆盛を支え
ています。

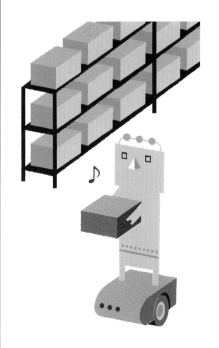

コンピューターの
利用方法を変えるクラウド

クラウドのサービス要素による分類

「クラウド」とは、Cloud Computing（クラウドコンピューティング）を省略した呼び方です。現在では、パソコンでメールを利用することは当たり前になりましたが、これは、データセンターと呼ばれる施設に置かれたサーバーや各種のソフトウェアとインターネットでつながることで、メールサービスを利用しているのです。インターネットでつながったパソコンやスマートフォンに、さまざまなサービスを提供している環境がクラウドです。

クラウドが提供するサービスは、その構成要素から、以下の3つに大別できます。

IaaS（Infrastructure as a Service、イアースまたはアイアース）
PaaS（Platform as a Service、パース）
SaaS（Software as a Service、サースまたはサーズ）

IaaS は、サーバーやストレージ（データを保存するシステム・装置）、ネットワークなどのハードウェアやインフラの機能を提供するサービスです。これを可能にしているのが、サーバーやストレージなど、物理的なコンピューター機器を疑似的に分割したり統合したりする「仮想化」の技術です。仮想化によって、利用者の要求に応じたコンピューター資源の増減が可能になっています。IaaS の主な利用者は IT サービスの運営者です。

PaaS は、アプリケーションソフト（特定の用途で使われるソフト）を開発・実行するためのツールや環境（プラットフォーム）を提供するサービスです。システム開発に必要なアプリケーションと OS（Operating System、オペレーティングシステム）、ミドルウェアやデータベース、プログラミング言語などをインターネット経由で提供してくれます。PaaS のメリットは、複雑で面倒な開発環境を整える手間がなくなり、システム開発に集中できるようになることで、主な利用者はソフトウェアの開発・実装者です。

SaaS は、アプリケーションソフトを提供するサービスです。会計や販売管理など、業種・業務別アプリケーションから、SNS やメールのようなコミュニケーションツールなど、さまざまなソフトが用意されています。

クラウドのサービスによる分類

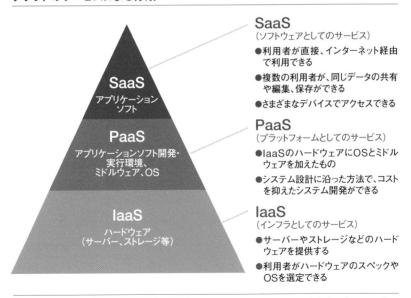

クラウドサービス利用者からみて、SaaS が最も手軽に使え、IaaS が最も自由度の高いサービス。PaaS はその中間に位置し、適度な自由度と利便性を兼ね備えたサービス

クラウドのシステムの配置による分類

クラウドは、システムの配置場所によっても、「パブリッククラウド」「プライベートクラウド」「ハイブリッドクラウド」の3つに大別されます。

パブリッククラウドは、クラウドのサービスを不特定多数の利用者が共同で使う形態です。標準的なサービスしか提供しないため、独自のコンピューティング環境やセキュリティ基準の実現が難しいことがあります。

プライベートクラウドは、クラウド上に自社専用のコンピューティング環境をつくり、この環境から自社内の各部署や個人に向けてサービスを提供する形態です。自社の業務内容に合わせてカスタマイズでき、セキュリティ面でも信頼性が高くなります。また、社員数が多い企業で、パブリッククラウドを従量課金で利用するよりも安価になる場合などで選択されます。なお、サーバーを独自に所有して自社内の設備によって運用する方法は「オンプレミス」と呼ばれ、高度な信頼性が求められる場合などに選択されます。

パブリッククラウドとプライベートクラウドには、それぞれメリット・デメリットがあるため、両者を統合して利用するハイブリッドクラウドという形態が選択されることもあります。たとえば、機密性の高いデータはプライベートクラウドに保存し、重要度の低いデータはパブリッククラウドに分けて保存することで、災害時のリスク分散やセキュリティの確保などが可能になります。ただし、パブリックとプライベートそれぞれのメリットを活かすためには、両者を使い分けるための方針や統合して管理できるしくみ、プログラムやデータをクラウド間で移動させる可搬性などが必要です。

多様化するクラウドコンピューティング

IaaS ／ PaaS 型のクラウドとして、Amazon の AWS（Amazon Web Service）、Microsoft の Microsoft Azure（マイクロソフト・アジュール）、Google の GCP（Google Cloud Platform）が世界的に有名で、3 大クラウドプラットフォームと呼ばれています。

これらのクラウドプラットフォームでは、さまざまなクラウドサービスを構築・運営することができます。AWS、Microsoft Azure、GCP のサービスメニューは数多くのサービスで構成されており、IaaS に対応するものや、PaaS に対応するものなど、多種多様です。たとえば AWS では、20 のカテゴリーで 165 のクラウドサービスが公開されています（2020 年 4 月時点）。さらに、ロボット工学や量子テクノロジー、人工衛星などのカテゴリーまで新設されています。Microsoft Azure や GCP も同様に多彩なサービスを用意しており、世界規模のクラウドプラットフォームは、広範なサービスや最新の技術を取り揃えて提供しているのです。

AWSにおけるクラウドサービスのカテゴリー一覧

分析	アプリケーション統合	ARおよびバーチャルリアリティ	AWSコスト管理	ブロックチェーン
ビジネスアプリケーション	コンピューティング	コンテナ	カスタマーエンゲージメント	データベース
開発者用ツール	エンドユーザーコンピューティング	Game Tech	IoT（モノのインターネット）	Machine Learning
マネジメントとガバナンス	メディアサービス	移行と転送	モバイル	ネットワーキングとコンテンツ配信
量子テクノロジー	ロボット工学	人工衛星	セキュリティ、アイデンティティ、コンプライアンス	ストレージ

AWS Web サイトより引用

041

顧客獲得の精度を上げる ネットマーケティング

ターゲティングの精度を上げるインターネット広告

サブスクリプション・ビジネスは、新規顧客の獲得と既存顧客の維持が基本的な施策となります。新規顧客の獲得においては、効率的に想定ターゲットに接触し、いかに自社サービスを知ってもらうかが重要です。このような目的に合致し、費用対効果に優れているのが「ネットマーケティング」で、サブスクリプションの主要な集客手段になっています。そして、ネットマーケティングにおいて、ターゲティングの精度をいかに上げるかは普遍的なテーマです。

インターネット広告は、90年代の「バナー広告」からはじまりました。バナー広告とは、Webサイトの上や横に広告画像を設置するもので、現在でも使われています。バナー広告は、当初、テレビなどのマス広告と同様に、できる限り多くの人に広告を見てもらうことを目的にしていました。しかし、バナー広告の露出量を増やしても、広告をクリックしてくれる比率は下がる一方でした。なぜなら、広告の情報に興味・関心のない人にとっては、まったく無意味なものだったからです。

このような状況を一変させたのが、Googleが2000年に米国で開始した「検索連動広告」です。これは、Googleなどの検索サイトで利用者が入力したキーワードに応じて、関連性のある広告を検索結果のページに掲載する広告です。検索連動広告は、見込みの高い顧客を獲得できる可能性が高く、コスト的にも少額から利用可能ということもあり、インターネット広告に変革をもたらしました。

検索連動広告に次いで登場したのが、Google などによる「コンテンツ連動広告」です。これは、さまざまな Web サイトの内容や使用しているキーワードなどを解析して分類し、コンテンツ内容と関連性の高い広告を自動的に配信する広告で、各ジャンルに興味を持つ潜在顧客を獲得することが可能になります。

個別化に近付くネットマーケティング

2007 年頃より登場したネットマーケティングの手法が「行動ターゲティング（Behavioral Targeting）」です。これは、インターネット上の「行動履歴」情報を利用して広告を配信するものです。行動履歴とは、Web サイトの閲覧履歴や検索履歴、広告への反応履歴など、多岐にわたります。行動履歴から利用者の興味・関心でグループ化し、それに合わせて広告配信することで広告効果を高めます。行動ターゲティングを活用したものでは、自社の Web サイトを訪れたことのある利用者に再訪を促す「リターゲティング広告」が現在でもよく使われています。ほかにも、コンテンツ連動広告に行動ターゲティングの要素をミックスした「興味関心連動広告（インタレストマッチ）」が生み出されるなど、インターネット広告はターゲティングの精度を上げるための試みが続いています。

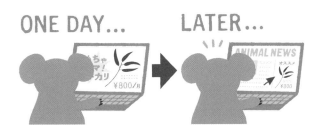

多数のWebサイトをネットワーク化する流れ

世の中には、ニュースやスポーツ、自動車、ファッションなど、さまざまな Web サイトが存在します。この多数のサイトを集めて広告配信ネットワークを構築したのが「アドネットワーク」です。

Web ページは、ニュースなどの情報が掲載されるコンテンツスペースと、広告が掲載される広告スペースによって構成されていますが、一般的に、コンテンツスペースには Web サーバーが情報を送り、広告部分にはアドサーバーが情報を配信します。広告情報を別のサーバーから配信することで、コンテンツ部分のアクセスとは切り離して、広告の配信をコントロールできるようになっています。これは、インターネット広告ならではの広告管理システムで、新聞などのメディアの場合、自社のメディアに掲載する広告は、基本的に自社内で管理しますが、インターネットの場合は Web サイト運営から切り離して、第三者が広告を管理できるのです。

アドネットワークは、運営母体の異なるさまざまな Web サイトの広告を 1 つのアドサーバーを使ってネットワーク化して、在庫管理や出稿管理を行います。複数のサイトを 1 つのメディアのように扱えるため、さまざまなジャンルのサイトへ同時に広告配信することが可能になります。あるいは、同じジャンルのサイトを束ねてパッケージ商品のように売り出すことも可能になりました。Web サイトを運営する媒体社も、面倒な広告管理を第三者に任せることによって、マネタイズや広告管理の負荷が軽減され、メディア制作に専念できるようになります。

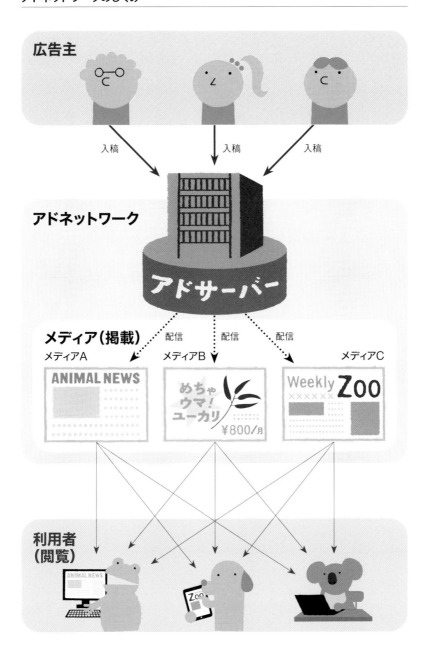

広告主

入稿　　　入稿　　　入稿

アドネットワーク

アドサーバー

メディア（掲載）　配信　　配信　　配信

メディアA　　　　メディアB　　　　　　　メディアC

ANIMAL NEWS

めちゃ
ウマ！
ユーカリ
¥800/月

Weekly ZOO

利用者
（閲覧）

ANIMAL NEWS

Zoo

ネット広告の取引市場「アドエクスチェンジ」

「アドエクスチェンジ」という広告ネットワークも広く活用されています。これは、Webサイトを運営する媒体社の持つ広告枠の在庫を一元管理して、オークション形式で売買できるネット広告用のマーケットプレイスです。アドネットワークと似ていますが、アドエクスチェンジは、広告枠を提供する側（媒体社、アドネットワーク）は広告の在庫を預け、広告を出稿したい側（広告主、広告会社など）は広告枠を競り落とす市場のような存在です。

アドエクスチェンジのメリットとして、媒体社側にとっては広告在庫の販売機会が拡大できるだけでなく、オークション形式のため、想定以上の収益が入る可能性も生まれます。広告主側は、大手媒体からアドネットワーク、ニッチメディアなど、幅広い出稿が可能になります。アドエクスチェンジによってさまざまな媒体を横断的に広告出稿ができるようになっただけでなく、ターゲティングもより多彩な手法が可能になりました。

利用者を想定してのネットマーケティング

インターネットでは、マーケティングを効率化するための分析手法が数多く生み出されています。自社のWebサイトのパフォーマンス改善を目的として行われる「サイト分析」に加えて、サイト訪問者の特徴を可視化する「オーディエンス分析」などもアドエクスチェンジの普及に伴い登場しました。

サイト分析は、会員登録や商品の購入など、利用者にサイトの目的とする行動をとってもらうために、サイト内の行動データを蓄積・分析してWebサイトを最適化していきます。サブスクリプション

は会員の属性データを保有しているため、Webサイト内の行動データと結びつけて、メッセージを会員属性に親和性のあるものに変えるなどで利用されています。

オーディエンス分析は、自社サイト訪問者のサイト外における閲覧行動データや年齢などのデモグラフィックデータを活用して、利用者像を可視化する手法です。たとえば、「自社のコスメ系サイトの利用者はグルメ系サイトの利用者との重複が大きい」ことが判明した場合、「自社の利用者はグルメ系情報に関心が高い」というように、ユーザー像をより明確化することが可能になるのです。

オーディエンス分析

レコメンデーションを進化させる機械学習

Chapter 2

03

AI（人工知能）とは何か

米国の Stitch Fix（スティッチ・フィックス）は、AI とスタイリストを使って、利用者の好みやサイズに合わせたコーディネートを提案してくれるレコメンド型サブスクリプションです。また、高級バッグのレンタル型サブスクリプション Laxus（ラクサス）も、AI を活用してレコメンドを行っています。このように AI は、サブスクリプションにも数多く活用されるようになりましたが、「AI とは何か」という学術的な定義や合意は確立していません。本書では、「AI とは、人間と同じような知的処理をコンピューターで行う技術」として解説を進めます。

AI の明確な定義はありませんが、分類方法はあります。1 つは「汎用人工知能」と「特化型人工知能」に大別する方法です。汎用人工知能とは、さまざまな思考・検討を行うことができ、はじめて直面する状況にも対応できる人工知能のことです。たとえば、家事全般に対して対応でき、想定外の事態にも対処できます。これに対して特化型人工知能は、特定の内容に特化した思考・検討のみに優れている人工知能です。炊事や掃除、あるいは将棋のみに対応できるものであり、現在実現している AI は大半が特化型人工知能になります。これ以外にも、「強い人工知能」と「弱い人工知能」という分類もあります。強い人工知能とは、人間と同様の感性を持つ AI です。弱い人工知能とは、人間としての自意識を備えていない AI です。「強い人工知能＝汎用人工知能」と考えることもあります。

教師あり学習、教師なし学習、強化学習

AI（人工知能）の技術の1つに機械学習（Machine Learning、マシンラーニング）があります。機械学習とは、事例となるデータをコンピューターに反復的に学ばせることによって、そこに含まれる特徴やパターンを見つけ出させる技術です。見つけた特徴を新しいデータに適用することで、データの分析や予測を行うことが可能になります。機械学習の分類として、「教師あり学習」「教師なし学習」「強化学習」が挙げられます。

教師あり学習（Supervised Learning）とは、正解に相当するデータを学習させる方法です。たとえば、「猫」というラベル（教師データ）が付けられた大量の写真をコンピューターに学習させることで、ラベルのない写真が与えられても猫を検出できるようになります。

教師あり学習のイメージ

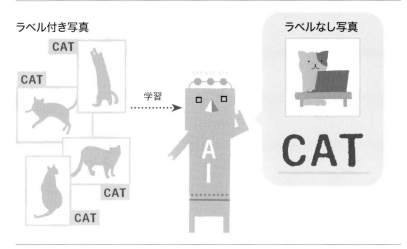

「CAT」のラベル（教師データ）が付いたいろいろなネコの写真を学習すると、ラベルのないネコの写真を見ても「CAT」とわかる

教師あり学習は「分類」と「回帰」に分けられます。分類とは、与えられたデータを適切なクラスに分けるというものです。予測するクラスが2つしかない場合は、「2値分類」と呼ばれ、クラスが2つより多い分類は「多クラス分類」と呼ばれます。たとえば、手書き文字を認識する課題は多クラス分類になります。回帰とは、過去の実績を学習させて、未知の値を予測させるというものです。たとえば、広告予算に対する商品の売り上げ予測や株価の予測などが対象課題となります。

教師なし学習（Unsupervised Learning）は、正解に相当する教師データが与えられないタイプの機械学習です。この方法では、正解データを用意せずに学習データのみを使います。この学習はデータの中からコンピューターに特徴や定義を発見させるものです。たとえば、ラベル（教師データ）のない画像であっても、大量の画像をコンピューターに学習させれば、大きさ・色・形状などの特徴から、グループ分けや情報の要約が可能になります。

教師なし学習のイメージ

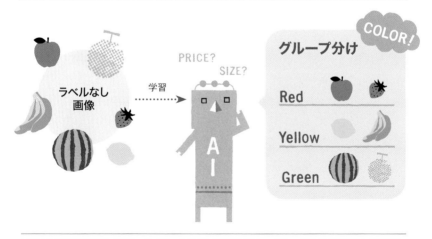

いろいろな果物の特徴（価格、サイズ、色など）を学習すると、グループ分けができるようになる

教師なし学習として代表的なものが「クラスタリング」です。クラスタリングは、多くのデータの中から特徴の似ているものをグループ（クラスター）ごとに分けていくものです。分類のように正解となるクラスが与えられているものではなく、あくまでコンピューターに特徴を発見させることが目的となります。クラスタリングは、Eコマースサイトの購買実績をもとに顧客を分類して、顧客ごとにおすすめ商品をレコメンドするような、大量のデータをもとにカテゴライズするのに適しています。

また「次元削減」も、教師なし学習の代表的用途として挙げられます。これは、データの特徴的傾向をできるだけ残しながら、あまり重要でない情報を削減してデータの総量を減らすことです。次元とは、データの項目数のことですが、次元数が多くなると組み合わせが膨大になるため学習に時間がかかってしまいます。ビッグデータを取り扱うことが増えている現在、次元削減の重要性は高まっています。

強化学習（Reinforcement Learning）とは、正解を与えなくても試行錯誤を通して最適な行動や選択ができるように学習する方法です。教師あり学習には正解がありましたが、強化学習にはなく、代わりに「報酬」が設定され、行動に対する評価として与えられます。こうすることによって、報酬が高くなるような最適な行動をするように仕向けていきます。

機械学習の代表的なアルゴリズム

アルゴリズム（Algorithm）とは、「何を」「どのように行うか」という手順が定式化されたものです。機械学習の代表的なアルゴリズムをいくつか紹介します。

教師あり学習の代表的なアルゴリズムとして、「回帰分析」や「決定木」などがあります。回帰分析の「回帰」とは、ある変数 x が与えられたときに、x と関係のある y の値を予測することです。その予測のための式を「回帰式」と呼び、y を「目的変数」、x を「説明変数」と言います。1つの説明変数 x で関係性を定義できる場合を「単回帰分析」、2つ以上必要とする場合を「重回帰分析」と呼びます。

決定木とは、段階的な選択肢の形（樹形図）で判別基準を示し、分析結果を出力するアルゴリズムです。決定木の利点として、処理結果の理解や解釈が容易で妥当性を判断しやすいことが挙げられます。また、数値データと顧客の性別のようなカテゴリーデータが混在していても利用可能な点もメリットです。半面、データに対する条件分岐が複雑になりすぎて「過学習」になりやすいという欠点もあります。過学習とは、教師あり学習をやり過ぎた場合などに生じる現象で、学習用データにはよく適合するが、未知の値に対する精度が低いモデルができてしまうことです。

教師なし学習のアルゴリズムとしては、「k 平均法」などが挙げられます。k 平均法は、主にクラスタリングに利用されるもので、グループ分けされていないデータの分類に使われます。アルゴリズムとしてはシンプルですが、最初にいくつのグループに分類すればよいのかがわからないこともあります。

サブスクリプションで活用される協調フィルタリング

サブスクリプションで活用されている「レコメンド」は、Amazonなど、Eコマースではよく使われています。これには、「協調フィルタリング」という手法が利用されています。協調フィルタリングは、利用者と嗜好が似ている他の利用者の行動履歴から、おすすめの商品を選定します。

協調フィルタリングには、大別して「アイテムベース協調フィルタリング」と「ユーザーベース協調フィルタリング」があります。アイテムベース協調フィルタリングは、利用者の購入履歴をもとに、購入した商品とは別の商品との間の類似度を計算し、類似度の高いものをおすすめする手法です。たとえば、商品Aは商品Bと一緒に購入されることが多いので、「商品Aを購入していて、まだ商品Bを購入していない人に、商品Bをおすすめする」というものです。一方、ユーザーベース協調フィルタリングは、利用者の購入履歴をもとに、別の利用者との間の類似度を計算し、「Aさんと嗜好が似ているBさんが購入している商品の中から、Aさんがまだ購入していない商品をおすすめする」という手法です。

ユーザーベース協調フィルタリング

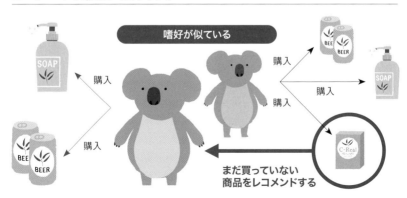

ディープラーニングによる
サブスクリプションの進化

ディープラーニングの特性

機械学習には、収集したデータをそのまま使うことができず、データ加工しなければならないという問題点があります。データの特徴を数値化して強弱を表したものを「特徴量」と言いますが、この設計は難しく、設定次第でアルゴリズムの性能が変わってしまいます。そこで注目を集めるようになったのが、ディープラーニング（Deep Learning、深層学習）です。

ディープラーニングは、脳の神経回路のしくみを模した「ニューラルネットワーク」と呼ばれる学習モデルを利用する機械学習です。ニューラルネットワークは、入力層と中間層（隠れ層）、出力層の3層から成り立ちます。中間層では、1つ前の層から受け取ったデータに対し「重み付け」と「変換」を行い、次の層へ渡します。入力層と出力層は直接観察できますが、中間層は直接観察できないため、「隠れ層」と呼ばれます。

この中間層をいくつも増やして多層化したものがディープラーニングです。中間層の役割は、入力層で受け取った情報をさまざまな組み合わせで伝えていき、出力層に役立つ形に情報を変形して渡すというものですが、中間層が複数あることで、1層の場合に比べて精度が向上します。機械学習において特徴量の設計は難しいのですが、ディープラーニングは、着目する特徴を学習の過程で自動的に算出できるようになるという特性があります。

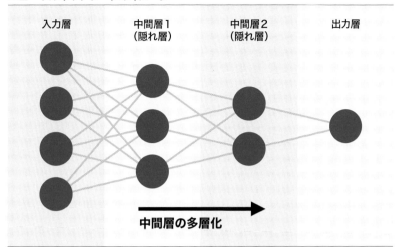

ニューラルネットワークのイメージ

入力層　　　　中間層1　　　　中間層2　　　　出力層
　　　　　　　（隠れ層）　　　（隠れ層）

中間層の多層化

ニューラルネットワークでは、脳の神経細胞（ニューロン）の役割を「ノード」（●で示された部分）と呼び、「エッジ」（── 線の部分）が、となりのニューロンと接合するシナプスの役割を担う

ニューラルネットワークの学習のしくみ

ニューラルネットワークの学習のしくみには、正答データと出力を比較して「重み」などを修正する方法として「誤差逆伝播法」があります。入力されたデータは、中間層の各ノードに設定された重みにより、さまざまな処理や変換がなされて、出力層で出力されます。誤差逆伝播法は、ニューラルネットワークの出力と正答データの誤差を逆方向（出力層から入力層）に伝え、重みを調整する方法です。ディープラーニングでは、こうした学習を繰り返すことで、それぞれのノードの重みの値を自動的に調整していきます。

このように、ディープラーニングを使ったAIに多くの学習用データを与えることで、自ら学習し、従来は判別できなかった複雑な問題でも正しい回答を導き出せるようになってきています。

ディープラーニングによる応用例

ディープラーニングを利用した AI のサービスとしては、以下のようなものがあります。

❶ 画像認識：多くの画像データから特定の画像だけを検出したり、手書き文字画像を判別してテキストデータ化したりできる。
❷ 音声認識：音声データから、人間の発声を言葉として認識し、テキストとして文字起こしができる。
❸ 音声合成：テキストデータから、自然に聞こえる人間の発声を合成し、文章として読み上げることができる。
❹ 自然言語処理：人間が普段使っている言語（日本語、英語など）のテキストをコンピューターに処理させることができる。「Google 翻訳」のような機械翻訳や、テキストデータから内容を要約する文書要約などが挙げられる。

上記の中でも、ディープラーニングの利用例としてよく知られているのが画像認識です。コンピューター上で画像データは「ピクセル」という点の集まりであり、明るさや色合いといった情報しか含まれていません。そこで、コンピューターに画像を認識させるためには、「赤くて丸い物体はりんごである」というように、画像の特徴を学習させていく必要があります。

従来の機械学習では、データのどこに注目すればよいのかを人間が指定して特徴量を抽出する必要がありました。しかしディープラーニングでは、適切な特徴を学習の過程で自動的に探し出せるため、人間が気付かないようなデータの特徴を利用した処理も可能になります。

ディープラーニングによる画像認識

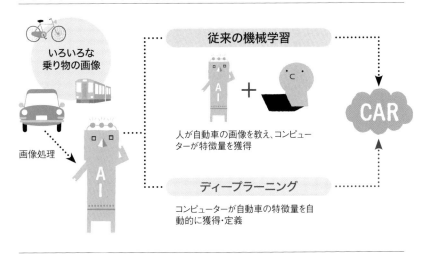

ディープラーニングによる画像認識は、医療分野での活用が期待されています。たとえばオリンパスは、AIで大腸の病変を発見する内視鏡向けシステムを2020年5月に発売しました。AIプログラムに演算装置やモニターを組み合わせたもので、同社製の内視鏡と一緒に使用します。がんやポリープを熟練医並みの精度で見つけることが可能であり、経験の浅い医師が病変を見逃さないようにサポートするシステムです。

サブスクリプションの分野では、ファッション系での活用が進んでいます。洋服などファッションアイテムをレコメンドする際に、画像により利用者の嗜好を分析し、おすすめする事業者も現れています。このようなシステムでは、教師データとして膨大なファッションの写真データを入力し、パターン認識させます。これにより、人間が気付かないようなコーディネート提案も生み出されるようになってきました。

物を介在させて データを収集・分析するIoT

あらゆるモノがインターネットにつながる世界

サブスクリプションを支えるテクノロジーとして、「IoT（Internet of Things）」も重要です。IoT は、モノがインターネットにつながることで、情報の収集や共有を可能にするしくみです。IoT により、モノからデータをリアルタイムに集めて分析することや、遠隔地からの監視や調整なども可能になります。

インターネットに接続できるモノを「IoT デバイス」と言いますが、パソコンやスマートフォンなどのインターネット接続端末に加えて、家電や自動車、医療機器、産業機器などが IoT デバイス化しています。世界の IoT デバイスは、2018 年には 300 億台を突破し、2021 年には 450 億台前後に達すると予測されています。

世界のIoTデバイス数の推移・予測

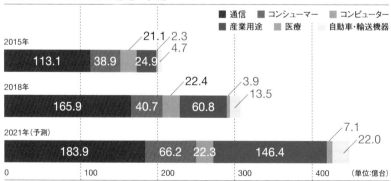

「令和元年版　情報通信白書」（総務省）に掲載の「世界の IoT デバイス数の推移及び予測」（出典：IHS Technology）をもとに作成。「コンシューマー」の数値に、家電やスポーツ・フィットネス機器などが含まれる

IoTのしくみと情報の流れ

IoTのシステムは4つの要素で構成されます。「IoTデバイス」
「IoTゲートウェイ」、情報をサーバーに送る「広域ネットワーク」、
集約したデータを蓄積・分析するための「IoTプラットフォーム」
です。

IoTデバイスは、データを収集するセンサーやアクチュエーターな
どで構成されます。センサーは、外部の情報を集めて、人間や機械
が判別できる信号に置き換える装置です。IoTの利用領域の拡大に
伴い、センサーの種類も増えつづけています。熱や圧力といった物
理的な変化を検出するものから、視覚・聴覚・触覚・味覚・嗅覚と
いう人間の五感を検知するものなど、多種多様です。アクチュエー
ターは、IoTプラットフォームからの情報を受け取り、その指示に
従い動作する駆動部です。

IoTデバイスに取りつけられたセンサーからのデータは、IoTゲー
トウェイに集約されて、IoTプラットフォームに送られます。IoT
ゲートウェイは、IoTプラットフォームとIoTデバイスをつなぐ
中継基地の役割を担います。複数あるIoTデバイスを効率よく接
続したり、IoTプラットフォームからの情報を適切なIoTデバイ
スに送信したりすることができます。システムによっては、IoT
ゲートウェイを介さずに、通信機能が搭載されたIoTデバイスが
直接、インターネットに接続する方式もあります。

IoTゲートウェイとIoTプラットフォームは、インターネットや
携帯電話網などの広域ネットワークでつなぎます。最近では、
LPWA（Low Power Wide Area）と呼ばれる長距離無線も注目さ
れています。これは、低消費電力・低コストで広域をカバーするこ

とを目的とした通信技術です。無線技術では、「Bluetooth」や「Wi-Fi」などが知られていますが、これらは消費電力が大きいため、長距離通信には向いていません。LPWA が低消費電力で広域・長距離通信を実現しているのは、通信速度を抑え、遅くしているためです。これにより、最大で半径 10km 以上の広範囲をカバーできるだけでなく、他の接続方式に比べ、デバイスの接続台数を増やすことも可能にしています。

IoT プラットフォームは、収集したデータをクラウド上に保存し、可視化したり、加工・分析したりします。「データの可視化」とは、収集したデータをリアルタイムに表示したり、グラフで表示したりする機能などです。また IoT プラットフォームにおいては、IoT デバイスの管理や外部システムとの接続なども行われます。IoT デバイスの管理とは、登録や保守点検、監視などであり、ネット上からの一括管理が可能です。

IoTのシステム構成

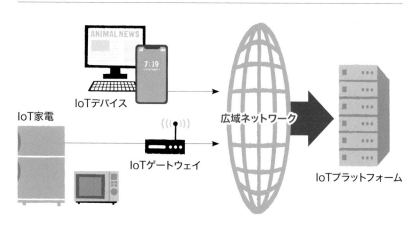

IoT デバイス本体や IoT 家電などに組み込まれたセンサーからの情報は、直接または IoT ゲートウェイを経由し、広域ネットワークを通じて IoT プラットフォームに送られ、IoT デバイスやデータの管理、外部システムとの接続が行われる

より密接になるIoTとAIの関係性

2007 年前後からの SNS の世界的な普及により、ネット上に画像や音声、テキストなど、大量のデータが氾濫するようになり、加えて IoT デバイスの増加で、リアルな世界の多様なデータも大量に収集できるようになりました。このような膨大なデータは「ビッグデータ」と呼ばれます。

ビッグデータは、Volume（量）、Velocity（速度）、Variety（多様性）の 3 要素で定義されます。現代は大量かつ多様なデータが大変なスピードで流通していますが、これをどのように保管し、活用していくかは大きな課題でした。しかし現在、IoT で集められる膨大なデータは、コンピューターの処理能力の向上やデータベース技術の進歩などにより、有用なデータとして管理・分析することが可能になっています。また、AI を活用した分析では、特に機械学習においては大量のデータが必要となります。このため、IoT で収集される膨大なデータを AI で分析して、必要な情報をフィードバックするという構造が生まれつつあり、従来の分析では気付かなかった相関関係やパターンを抽出できるようになっています。

IoTとAI、ビッグデータの関係

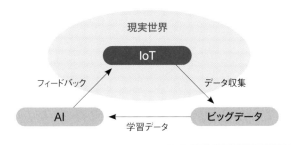

IoT で収集される現実世界の膨大なビッグデータを、学習データとして AI で分析して、必要な情報をフィードバックする

データ量の増加に対応するエッジコンピューティング

クラウドコンピューティングの普及が進み、用途が拡大するにつれ、回線コストや回線への負荷、クラウドがダウンするリスクやサイバー攻撃のリスクが問題になってきました。また、IoTの普及とともに、IoTデバイスが急増し、ネット上で流通するデータ量（トラフィック量）も増大しています。そこで、情報処理の一部を端末に近いネットワークの周辺部（エッジ）で行う「エッジコンピューティング」が注目されるようになりました。

エッジコンピューティングは、1つのシステムでは大変な時間がかかってしまう処理を、ネットワークで連携させた複数のシステムで分業的に行い、効率的に処理しようとする「分散コンピューティング」の考え方です。エッジコンピューティングでは、エッジサーバーで処理を分担するため、クラウドの負荷を分散することができます。また、自動運転車の制御など、リアルタイムな処理が必要な状況においても効果的であると考えられています。

分散コンピューティング

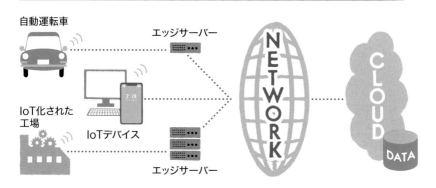

工場単位の小規模なデータ保管・処理や、自動運転車の制御など、低遅延が求められる処理には、分散コンピューティングが適している

サブスクリプションに活用されるIoT

IoT は身の回りの機器だけでなく、工場やビル、農業や漁業でも利用されるようになってきています。そして、サブスクリプションにおいても、IoT を活用する事業者が登場しています。

高級ブランドバッグのサブスクリプション・サービス Laxus は、IoT を活用してバッグの保管・管理を行っています。Laxus が貸し出しするバッグには、小さな「RFID タグ」が埋め込まれていて、個別 ID で管理されています。これにより、バッグの利用された期間や保管期間、稼働率などを把握して、稼働配置や施策検討に活用されています。また、バッグが返却された際の真偽確認や、クリーニングや補修の履歴も管理されているのです。

RFID とは、「Radio Frequency Identification」の略称で、RFID タグを読み取るハンディーターミナルやリーダー、アンテナのハードウェア、RFID タグなどを読み書きする情報媒体までを含めた総称として「RFID」と呼びます。Suica（スイカ）や ICOCA（イコカ）のような非接触型 IC カードも RFID になります。タグの呼び方は統一されていないため、「IC タグ」や「電子タグ」「RF タグ」など、色々な呼称が存在しますが、「RFID タグ」と「IC タグ」がメディア等では多く使われています。

RFID タグは、データを読み書きできる IC チップに金属製のアンテナを接続した構造で、電波方式（UHF 帯）と電磁誘導方式（HF 帯）があります。電波方式は通信距離が長く、読み取り速度が速く、安価という特徴があります。一方、電磁誘導方式は通信距離が短く、読み取り速度が遅く、高価なのですが、読み取り精度が高いという特徴があり、用途によって使い分けられています。

屋外でのデータ利用を
革新する5G

スマートフォンの保有世帯は8割に

高速・大容量の次世代通信規格「5G」の商用サービスが、2020 年 3 月末に国内でもスタートしました。5G とは「5th Generation（第 5 世代移動通信システム）」の略語で、次世代の通信規格のことです。動画や音楽などのネット配信型サブスクリプションや、インターネットと常時接続するコネクテッドカー、人間が運転操作を行わなくとも自動で走行できる自動運転車などを、より進化させる移動通信システムです。

現代社会では、スマートフォンや携帯電話などの移動通信機器が必需品になっており、固定電話の保有率は年々低下しています。総務省の発表によれば、平成 23 年まで80％を超えていた固定電話の世帯保有率は、令和元年には69.0％にまで低下しています。これに対して、モバイル端末の世帯保有率は96.1％にまで達しており、平成 22 年には 9.7％だったスマートフォンの世帯保有率は、令和元年には83.4％と大変な勢いで伸長しています。スマートフォンの保有世帯の割合が約 8 割まで増加し、固定電話やパソコン（69.1％）の保有率を上回るようになったのです。

また、インターネットの利用端末としても、令和元年にはスマートフォンが63.3％と最も高く、パソコン（50.4％）を上回っています。情報通信機器の主役はスマートフォンになっているのです。

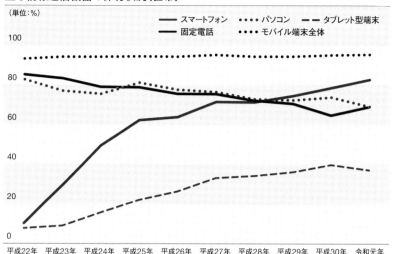

主な情報通信機器の保有状況（世帯）

（単位：%）

凡例：スマートフォン・・・・パソコン - - タブレット型端末
固定電話 ・・・・モバイル端末全体

平成22年 平成23年 平成24年 平成25年 平成26年 平成27年 平成28年 平成29年 平成30年 令和元年

「令和元年信利用動向調査」（総務省）をもとに作成

携帯電話の進化と通信方式

移動通信が世界各国で使われはじめたのは 1970 年代後半から 1980 年代初頭であり、最初は自動車の車載電話として登場しました。車載電話で使われていた移動通信システムはアナログ方式の 1G（第 1 世代移動通信システム）であり、電波の周波数帯（バンド）は 800MHz を使用していました。「周波数帯」とは、電波の周波数の範囲、つまり通り道のようなもので、周波数帯ごとに特性が異なります。この 800MHz は電波が届く範囲が広く、建物や遮蔽物があっても回り込んで届くため、都会のビル街でもつながりやすいという特性があります。800MHz 帯は 2G（第 2 世代移動通信システム）以降も引き継がれ、広範に利用されています。この 2G では、通話しかできなかったアナログ方式に代わりデジタル方式が採用され、メールのやり取りや Web サイトの閲覧などのデータ通信、データを分割して送るパケット通信などが可能になりました。

移動通信システムの高速化・大容量化の歴史

デジタル方式の 2G で携帯電話は世界的に普及しましたが、さまざまな規格が乱立するという事態に陥りました。そこで、3G（第 3 世代移動通信システム）からは、国際連合の専門機関である国際電気通信連合（ITU）が「IMT-2000」という規格を制定しますが、通信方式の完全な統一はできませんでした。しかし、現在の 4G（第 4 世代移動通信システム）では、LTE-Advanced と WiMAX2 の 2 方式に集約されつつあります。

移動通信システムは、第 1 世代から第 4 世代に至るまでに高速化と大容量化を推進してきました。2G の通信速度は 2.4Kbps ～ 28.8Kbps であり、何とか Web サイト閲覧が可能なレベルでした。3G になると最大 14Mbps にまで通信速度が上がり、パソコンで Web サイトを閲覧するのと同程度にまで高速化が進みました。

bps（bit per second）は、1 秒間に送受信可能なデータ量（bit）を表す単位で、数字が大きいほど通信速度が速くなります。データ転送速度が、MB ／ s（Mega Byte ／ second）で表記されることもありますが、これは 1 秒間に何メガバイト（Mega Byte）のデータを転送できるかを表す単位で、主にハードディスクなどの転送速度を表す際に用いられます。8 bit は 1 Byte なので、たとえば、8Mbps は 1MB ／ s になります。また、通信速度で「上り」「下り」という表記がありますが、これは通信の方向を表すものです。「上り」はパソコンや携帯電話からインターネット上へデータを送信することを表します。「下り」はインターネットからデータを受信することを表し、音楽や動画をダウンロードするなどが相当します。通信速度は「上り」と「下り」は異なり、通信速度で重視されるのは「下り」の速度です。

4Gになると、通信速度は50Mbpsから1Gbpsになりました。こうして、高速・大容量のデータ受信が可能になったことで、スマートフォンでの利用シーンは広がっていきます。画像を含むWebサイトの閲覧だけでなく、映像や音楽データをダウンロードしながら逐次再生し視聴する動画のストリーミングもストレスなく行えるようになりました。

移動通信ネットワークの高速化・大容量化の進展

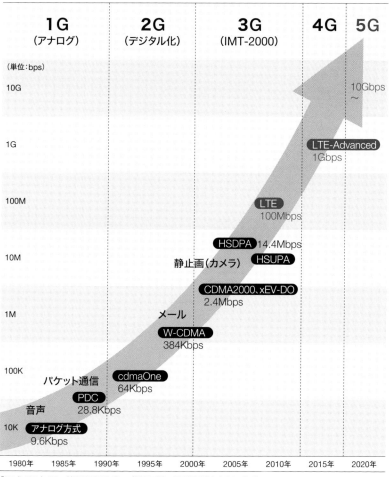

「平成27年版　情報通信白書」（総務省）掲載資料をもとに作成

5Gの3つの特徴

このような進化を遂げてきた移動通信システムですが、次世代通信規格となる5Gの特徴は3つあります。1つ目の特徴は、最大（目標値）で20Gbpsを実現する「高速・大容量」です。実効速度は最大4Gbps前後になると思いますが、4Gの通信速度が最大1Gbpsであることを考えると、数倍の高速化を実現することになります。今後、動画配信のサブスクリプションで、4Kなどの高解像度データが増えてきても、5Gの環境であればストレスなく楽しめるはずです。

2つ目の特徴は「低遅延」です。低遅延とは、通信での遅延が小さくなることを意味します。5Gでは、基地局からスマートフォンまでの通信タイムラグを10分の1程度に抑えられると言われており、さまざまな機器を遅延なく動作させることが可能になります。たとえばクラウドゲームでも、通信の遅延を意識せずにプレーを楽しめるようになります。

3つ目の特徴が「多数同時接続」です。5Gでは、同時接続できる機器数が4Gの30〜40倍、1平方km当たり100万台もの機器を接続できると言われています。これにより、インターネットと連動させて使うスマート家電やウェアラブルデバイスなど、IoTの利用も本格化していくはずです。

5GとAI、IoTの関係

5GとAI、IoTは、将来的にさまざまな分野で連動していきます。ここでは、人間が運転操作を行わなくとも自動で走行できる自動運転車を例に考えてみたいと思います。

人間は車を運転する際、大量の情報を収集し、瞬時に分析・処理しています。当日の路面の状態、天気や気温、渋滞情報、信号や歩行者、道路標識、さらには目的地までの距離や到達時間を予測して走行しています。インターネットと連動するコネクテッドカーが完全な自動運転を実現していくためには、動的な情報と静的な情報をリアルタイムに収集・管理していく必要があります。動的な情報とは、ITS（Intelligent Transport Systems、高度道路交通システム）が収集する周辺車両、歩行者、信号情報などの先読み情報や、事故・渋滞情報などであり、静的な情報とは、路面情報や車両情報、交通規制情報などが挙げられます。

このような大量の情報を受信するためには、5Gの特徴である「高速・大容量」の送受信性能が必要になってきます。また、複数の車両が同時に情報を送受信するため、「多数同時接続」も実現する必要があります。さらに、高速で走行する自動車運転において、情報の遅延は事故の原因にもなるため、情報の「低遅延」は絶対条件になるのです。また、コネクテッドカーが収集する膨大な情報を判断していく際には、道路標識や歩行者、対向車など、自動車の周辺状況を把握する認知プロセスが重要ですが、ここで利用されるのがAIです。刻々と変わる周辺環境に即応するためには、周辺環境に関するビッグデータが必要になります。その膨大なデータからディープラーニングによって特徴量を抽出し、最終的に自動車なのか、障害物なのか、などを認知し、制御していく必要があるからです。

5Gの3つの特徴と4Gとの比較

高速・大容量
20Gbps (4G 1Gbps)

5G

多数同時接続
100万デバイス／k㎡
(4G 3万デバイス／k㎡)

低遅延
1ms
(4G 10ms)

サーバーから返ってくるレスポンスの速さや通信のタイムラグ（応答速度）を「Ping値（ピン値）」（単位：ms）で表す。数値が小さいほど応答速度が速く、低遅延となる

多頻度・多品種の配送を支える物流システム

IoTの進化による標準化と省人化

現在、Eコマースだけでなく、C to Cやサブスクリプションなど、さまざまな種類のネットサービスが登場していて、それを支えているのが進化を続ける物流システムです。Eコマースの普及に伴い、宅配便の取り扱い個数は増加しつづけていて、2018年には、43億個を超える規模になっています。物流の新たなしくみの構築が必須となってきました。

物流の進化を概観すると、トラックや鉄道、船舶などの普及による陸上・海上輸送の機械化にはじまり、自動倉庫や自動仕分けの実用化による荷役の自動化、WMS（Warehouse Management System、倉庫管理システム）などの普及による物流管理のシステム化といったイノベーションが業界構造を変容させてきました。1980年代から普及が進んだWMSは、物流センターの入荷管理、出荷管理、在庫管理、棚卸管理や作業管理、荷物のロケーション管理などを行うシステムで、同時期にTMS（Transportation Management System、輸配送管理システム）の導入も進みました。TMSは、商品が物流センターから出荷された後、届け先までの輸配送をトータルに管理するもので、トラックの配車計画や運行管理を支援するシステムを中心に構成されています。

そして現在進行中なのが、IoTの進化による標準化・省人化を実現するイノベーションで、「ロジスティクス4.0」と呼ばれています。標準化のイノベーションとは、調達から生産、物流・流通、小売ま

での一連のプロセス（サプライチェーン）において、企業や業界間で機能や情報を標準化してネットワークでつないでいこうという取り組みです。これにより、各プロセスのどこに、どの程度の製品があるかを把握できたり、物流センターなどをより多くの企業が共用できたりします。たとえば、ドイツのSiemens（シーメンス）が提供する産業用IoTプラットフォームMindSphere（マインドスフィア）は、企業内の産業機械などのデータを収集することで生産効率を向上させるだけでなく、複数の工場間の情報を共有して、サプライチェーンの効率化を図ることができます。

IoTの進化による省人化とは、従来、人間の操作や判断を必要とした作業が自動化され、人の介在しなければならないプロセスが大幅に減少していくイノベーションです。たとえば、倉庫内の搬送作業などを代行する倉庫ロボットや自動運転の開発・運用などが挙げられます。倉庫ロボットの導入例としては、ロボットを用いて可搬式の棚を移動させ、箱詰めを行う人の作業領域まで運搬するという自動化を、Amazonなどが進めています。人間がピッキングのために移動する作業を自動化することで、商品を見つける時間の短縮や収納スペースの効率化、人件費の削減などを実現しています。このように、IoTを活用した物流の自動化や広範な情報管理が、物流の新しいイノベーションを生み出しています。

GreyOrange社　のG2P（Goods to Person）ロボット「Ranger GTP」。在庫商品を棚ごと、棚入れとピッキングの作業員まで運ぶ（画像提供：GreyOrange）

物流の進化を体現するAmazon

物流の進化を体現しているのが、世界最大の物流企業を目指す
Amazonです。1994年の創業時よりAmazonは、Eコマースに
おける物流の重要性に気付いて、収益を積極的に物流ネットワーク
の構築に投資してきました。物流の機能を高度化し、調達、生産、
販売などの分野を統合して、需給バランスを適正化することで顧客
満足を向上させていく管理方法を「ロジスティクス」と言います。
Amazonは、このロジスティクスとEコマースを両輪として、「地
球上で最もお客様を大切にする企業」という目標を追いつづけてい
るのです。

顧客満足度の向上を徹底的に追求するAmazonは、Eコマースで
受注した商品をいかに効率的かつスピーディーに利用者のもとへ配
送するかを探求しつづけています。このための施策の1つが、米
国のみならず世界各地に意欲的に構築している物流センターです。
商品のピッキングから梱包、配送など、一連の作業を一括で遂行す
るため、Amazonはここを「フルフィルメント・センター」と呼
んでいます。2020年4月現在、日本において、この大型物流セン
ターは17か所設置されています。また、注文から最短1時間以内
で商品を届けるサービスPrime Now（プライム・ナウ）専用の配
送センターも5か所開設されています。

物流を効率化して、低コスト運用を実現

Eコマースの事業者には、物流センターを自社で持つ「総合ネット
通販型」と、物流部分は出店者に任せる「モール型」があります。
モール型において商品を異なる複数の店で購入した場合、1回の注
文であっても配送料がそれぞれにかかってしまい、納品期日や梱包

状態なども異なります。一方、Amazonのように、自社で物流セ
ンターを持ち、フルフィルメント（受注から配送まで一連の作業）
を実行している場合は、物流品質やスピードに関して自社でコント
ロールできるメリットがあり、顧客満足度の向上につながります。
しかし、巨大な物流センターを自前で持つということは、注文が少
なければ稼働率が低くなり、売上にかかわらず発生する固定費が収
入を上回ってしまう状態になるリスクがあります。物流コストが価
格に上乗せされるほど、顧客の満足度は下がります。このため
Amazonは、さまざまな手段で徹底的に物流を効率化して、低コ
ストの運用を実現しているのです。

Amazonの物流効率化の試みとしては、倉庫ロボットなどによる
業務の自動化や予測発注システムなどが知られています。Amazon
は、Eコマースにおける購入実績やWebの閲覧履歴をもとに、お
すすめ商品を提案するレコメンド機能を実装していますが、この
データは予測発注システムとして物流にも活かされています。利用
者の動態データや季節・曜日による変動など、多様なデータをもと
に、翌日の注文を予測したり、注文を受ける前にあらかじめ仕分け
拠点まで搬送したりするのです。これにより、広大な国土の米国内
でもスピーディーな配送を実現するとともに、より精緻な在庫コン
トロールが可能になっています。

Amazonのスピーディーな配送への挑戦はとどまるところを知ら
ず、ドローンによる配送も実用化しようとしています。Prime Air
（プライム・エア）と呼ばれるこのサービスでは、ドローンが15
マイル（約24km）の距離を飛行し、約2.26kgまでの荷物の30
分以内の配送を実現します。自律型ドローン技術を採用した同社の
ドローンは、AI技術やセンサーを活用することで、街中のさまざ
まな障害物も回避して飛行すると発表されています。

Eコマースにおける利便性とロジスティクスの連動

2005年からAmazonは、会員に対して無料配送を提供するサービスAmazon Primeを開始しています。開始当初は採算性について懐疑的に見られていましたが、このサービスにより、「Eコマースは配送料が上乗せされ、高くつく」という既成概念を払拭し、顧客の購買欲をかき立てることに成功しました。これもロジスティクスの低コスト化により実現したのです。このAmazon Primeをはじめ、Amazonの利用者がメリットを感じる「レコメンド」や「1-Click注文」、ネット上の競合の商品価格を調べてAmazonの価格を自動的に調整する「自動値付けボット」、自社の物流システムを他社が利用できる「マーケットプレイス」、サブスクリプション・ボックスのAmazon Subscribe & Saveなどは、すべてロジスティクスと連動して機能しているのです。

AmazonのロジスティクスとEコマースの関連性

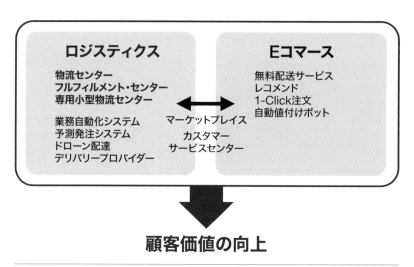

Amazon利用者のEコマースにおけるすべての利便性は、ロジスティクスと連動して機能することで、顧客価値の向上につながる

サブスクリプションに特化した物流サービス

国内には、サブスクリプションに特化した物流サービスも存在します。寺田倉庫の minikura ＋（ミニクラプラス）は、E コマースや C to C、レンタル、サブスクリプションなど、多様化するネットサービスを支援する物流プラットフォームです。

一般的な WMS（倉庫管理システム）は、個品管理するシステム仕様になっていないため、多品種・少ロット・多頻度な物流を伴うネットサービスには不適です。しかし minikura ＋は、すべての商品一つひとつに識別 ID を振って個品管理するだけでなく、事業者に合わせた商品コードの登録も用意されています。同一商品を何回預け入れても、一度預けたことのある商品で SKU コードが登録済みであれば、商品単位で保管品を管理可能です。「SKU」は、「Stock Keeping Unit」の略で、在庫管理の最少単位です。

保管機能は、個別アイテムごとに Web 上から最新の状態を確認可能で、サブスクリプションでの返品後の検品状態まで確認できます。出庫はネットから依頼ができ、どの商品を配送するのかを個数単位で選択可能です。さらに、レンタルに特化した機能として、利用者宅に送る際にはビニールで箱を包み、きれいな状態で出庫するサービスや、レンタル戻りの際にはアイテムの状態を検品し、汚れや臭いがあれば検知して最適な処理をしたり、クリーニングをスピーディーに実施したりできる体制も構築しています。

複雑化する物流に対応するため、WMS のアイテム管理やステータス管理、受注管理機能などを高度化し、事業者がネット上から指示できるシステムを構築するとともに、倉庫における保管機能や検品機能、出庫機能などもサービスに合わせて進化させているのです。

Chapter 2

08 | ITで交通手段を統合する MaaS

交通サービスの利便性向上や環境対策で進展

MaaS（Mobility as a Service、マース）とは、IT を活用して、バスや鉄道、タクシーから、ライドシェアリング、シェアサイクルといった異なる交通手段を結びつけ、検索・予約・決済などを一元化したシームレスな移動を提供するサービスです。従来、「モビリティ」と言うと、自動車や鉄道などの乗り物を指しましたが、現在では、カーシェアリングやライドシェアリングなどの新しい移動サービスも登場しています。MaaS は、これら多様な交通手段を統合し、検索・予約・決済まで提供することで、利用者の移動時間や費用を最適化します。

近年、世界各国で MaaS への取り組みが活発化しています。海外では、すでに実用化されているフィンランドの Whim（ウィム）や、ダイムラー、BMW、アウディの独自動車大手3社が出資するHERE Technologies（ヒア・テクノロジーズ）の SoMo（ソモ）などがよく知られています。国内では、トヨタ自動車とソフトバンクが出資して設立した MONET Technologies（モネ・テクノロジーズ）に、ホンダやマツダ、スバル、スズキなど、自動車大手7社が出資参加するとともに、同社が中核となり設立した企業連合には、さまざまな業種から586社（2020年7月14日時点）が参画しています。また、JR 東日本と東急などによるサービス Izuko（イズコ）や、西鉄とトヨタ自動車などによる my route（マイルート）など、実験段階のものも含め、多数の企業が MaaS に乗り出そうとしているのです。

このように、MaaSへの取り組みが積極的になった背景として、交通サービス分野でも情報や技術のデジタル化が進み、分野の異なる交通機関でも連携し、新たなネットワークサービスが構築できるようになったことが挙げられます。また欧州では、自動車の環境規制を厳格化していることもあり、渋滞の緩和やマイカーを減らすことを目的に、官民で推進しているケースもあります。

MaaSの国内市場規模は、2018年のMaaSサービス事業者の売上高ベースで845億円、2020年には約2.3倍の1940億円、2025年には約25倍の2兆1042億円、2030年には約75倍の6兆3634億円に達すると予測されています（矢野経済研究所調べ）。

国内MaaS市場規模予測

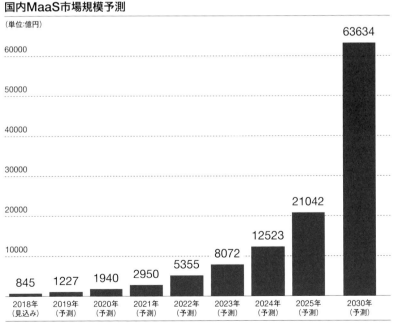

数値はMaaSサービス事業者の売上高ベースで、車両などのハードウェアやメンテナンス費用を除く。『2019年版　MaaS市場の実態と将来予測』（矢野経済研究所、2018年）をもとに作成

MaaSのサブスクリプション・サービス

フィンランドの Whim は、運輸通信省の支援のもとに提供されている MaaS のサブスクリプション・サービスで、首都ヘルシンキで実用化されています。MaaS アプリを利用して目的地を入力すると、交通機関を利用したいくつかの経路と料金が提案されるので、希望のものを選んで決済を行い、移動します。この経路の中にはレンタカーやシェアサイクル、カーシェアリングなども含まれ、レンタカーの場合は車種なども選ぶことが可能です。

Whim には、30 日間 59.7 ユーロの Whim Urban 30（ウィム・アーバン）、30 日間 249 ユーロの Whim Weekend（ウィム・ウィークエンド）、月額 499 ユーロの Whim Unlimited（ウィム・アンリミテッド）の 3 種類が用意されています（2020 年 4 月現在）。Whim Urban 30 は、電車、バス、トラム、フェリーなど、ヘルシンキ市交通局の全交通機関が乗り放題で、タクシーは 10 ユーロ分までが利用できるというものです。Whim Weekend は、これに加えて、週末のみレンタカーが乗り放題というプラン、Whim Unlimited は、ヘルシンキのすべての交通手段が無制限に利用できるというプランです。

Whim を運営する MaaS Global 社の資料では、Whim の利用者のマイカー利用率は半減し、公共交通の利用率が上がったと報告されています。マイカー利用の削減という課題に MaaS が有用であることが実証されつつあるのです。

MaaSの統合型プラットフォーム

MaaS のサービスを提供するためには、交通情報や地図情報、予約・決済、ルート検索などの各種機能を統合し、データ連携させる MaaS プラットフォームが必要になります。プラットフォームの各種機能は、スマートフォンの MaaS アプリによって利用者に提供されます。

MaaS のプラットフォームは複数の交通手段を組み合わせるため、「マルチモーダル・プラットフォーム」とも呼ばれます。このプラットフォームはさまざまな交通事業者が集まってつくり上げていくため、事業者間を調整するプラットフォーム運営者「MaaS オペレーター」が必要となります。このように、交通事業者や IT 事業者が協働してつくり上げていくものなので、事業者間で積極的にデータを公開して、共有していく姿勢が重要になります。

MaaSプラットフォームの概念図

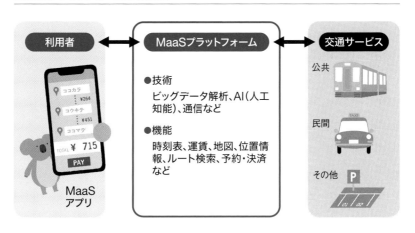

MaaS プラットフォームは、公共・民間・その他の交通事業者などからの情報を、ビッグデータ解析、AI、通信などの技術で蓄積・分析する。それらが MaaS アプリによって、時刻表や位置情報、ルート検索、予約・決済などの各種機能として利用者に提供される

ビッグデータの分析による
データドリブン

データドリブン推進を阻む4つの障壁

データドリブンは、さまざまなデータを収集・分析して、企業活動全般に活かしていこうというコンセプトです。データドリブンを企業が実現していくためには、人材と組織が重要になります。

多くの企業はデータ活用の重要性に気付いて部署を立ち上げたり、ツールを導入したりしていますが、さまざまな障壁にぶつかり、うまくいかないケースが多いのも実情です。データドリブンに対する障壁は、「データ」「組織」「人材」「社内風土」の4つに分類されます。

「データの障壁」とは、社内の各部署に散在しているデータを全社的に活用しようとしても、データの定義や形式が違っていて、部門横断的に使えないというデータ品質の問題です。同じ項目名のデータであっても、単位や期間、入力形式が違うことは多々あります。こういう状況下では、データのクレンジング（整理・加工）からはじめる必要があります。

「組織の障壁」とは、IT部門とその他の部門や経営層との意志疎通が十分に行われていないために生まれる問題です。現場に必要なデータや機能に不備があったり、使い方がわからなかったりなどの理由で、構築したシステムが使われなくなり、想定していた成果が生み出せないことがあります。

「人材の障壁」とは、実際にデータを活用して分析しようとしても、大量のデータを分析できる IT 人材が社内にいないという問題です。IT 人材の不足は、日本企業の長年にわたる構造的問題であり、米国と比較すると、数的に少ないだけでなく、ユーザー企業側に少なく、IT 関連製品を開発・販売するベンダー側に偏在している傾向があります。IT 人材がユーザー企業に流れてこない状況もあり、結果として、一般企業の IT 部門はアウトソーシングに頼ってしまい、自社にノウハウがたまらないという課題を抱えています。

「社内風土の障壁」とは、IT 部門がデータ分析をベースに改善等を進言しても、経営層が相変わらず経験則に基づいて指示を出しつづけ、結果として、組織がデータドリブンに移行できないというものです。

上記のような障壁を克服するには、やはりトップダウンでデータドリブンへの移行を宣言し、短期・中期のロードマップを策定していくことが必要となります。また、データドリブンに関連する KPI（Key Performance Indicator、重要業績評価指標）を設定し、部門の垣根を越えて全社的に取り組み体制を構築することが重要であると言われています。

データドリブンを支援するツール

データドリブンを支援する IT ツールにもさまざまなものがあり、自社の目的に合わせて選定していくことが重要です。主要な IT ツールは次の 5 つです。

❶ CRM（Customer Relationship Management、カスタマー・リレーションシップ・マネジメント）：個人情報や属性等、顧客

のさまざまな情報の管理に加え、顧客とのコミュニケーションやサポートなどを管理するシステム。CRM は、顧客関係管理の手法を指す場合もある。

❷ SFA（Sales Force Automation、セールス・フォース・オートメーション）：営業部門におけるさまざまな情報や進捗状況などをデータ化し、共有・管理するためのシステム。顧客管理、案件管理、行動管理、予実管理（予算と実績の比較管理）など、主に営業活動の支援を主眼に情報を蓄積する。

❸アクセス解析ツール：Web サイトを訪問するユーザーの閲覧環境や閲覧履歴、どのような経路でサイトを訪れたかなどの情報を収集して解析するツール。さまざまなアクセス情報を分析することで Web ページの改善に役立てる。

❹ DMP（Data Management Platform、データ・マネジメント・プラットフォーム）：自社や外部データなど、さまざまなデータを蓄積・統合し、集客などに役立てるためのプラットフォーム。企業が自社で集積した顧客データを活用する「プライベートDMP」と、さまざまな企業が保有しているデータを蓄積している「オープン DMP」がある。

❺ MA（Marketing Automation、マーケティング・オートメーション）：顧客情報を収集・蓄積するだけでなく、マーケティングの作業を自動化し、かつ分析してくれるプラットフォーム。自社の商品・サービスに比較的関心がある「見込み客」の収集・管理や分類などの施策において使われている。MA の活用で、個別の顧客に合わせたマーケティング活動を行う「One to One マーケティング」が実現すると言われている。

サブスクリプション・ビジネスの構造

サブスクリプション・ビジネスには、事業者にとってメリットとデメリットがあり、ビジネスを成功に導くのは、基本7項目です。

サブスクリプション事業者が得る3つのメリット

継続的収益を見込むことができる

事業者サイドから見た、サブスクリプション・ビジネスのメリットは、3つあります。その1つ目は、継続的収益を見込むことができることです。日本では、ビジネスを収益の面から「フロー型ビジネス」と「ストック型ビジネス」に分類することがあります。

フロー型ビジネスとは、製造・販売型ビジネスのように、収益的に変動幅が大きいビジネスを指します。このタイプのビジネスは、新製品を開発・製造すると、広告宣伝費を使い、できる限り多く販売することを目指します。電化製品や自動車、日用品、衣料品、食品などの製造業は、このフロー型ビジネスの典型とも言えます。

製造・販売型ビジネスの特徴として、製品を販売することで確実に収益は上がりますが、新製品を開発するたびに販促費用をかけて新規顧客を獲得する必要があります。ビジネスの構造上、新製品を出しつづけなければなりませんが、経済環境や競合社の動向などに左右されるため、製品ごとの売上にはばらつきが生じます。今回発売した製品の売上が良くても、次に発売する製品の売上が良いとは限らないからです。企業経営の観点からすると収益面で不安定であり、生産設備や人員などの投資計画も難しい面があります。

これに対してストック型ビジネスとは、収益的に継続性があるビジネスを指します。定額・継続課金制のサブスクリプションも、収益的な分類ではストック型ビジネスと言うことができます。

サブスクリプションは、継続的に課金され、既存契約に新規契約を積み重ねていくことにより、収益が安定的かつ継続的になります。これは事業者サイドから見た際の大きなメリットです。サブスクリプションで安定的な収益構造を構築するためには、ある程度の時間がかかりますが、いったん収益モデルを確立してしまえば、新製品を出しつづけ、多大な販促費を費やす必要はなくなるのです。

製造・販売型ビジネスとサブスクリプション型ビジネスの売上イメージ

製造・販売型の売上推移

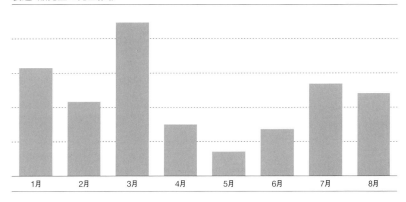

サブスクリプション型の売上推移

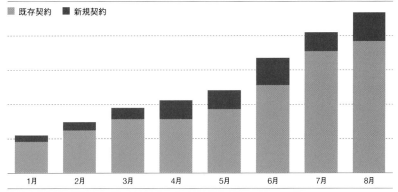

製造・販売型は売上の変動が大きいが、サブスクリプション型は既存契約に新規契約を積み重ねていくことで、安定的・継続的売上が可能となる

顧客との長期にわたる関係性の構築

サブスクリプションは、利用者に継続的かつできる限り長期的に利用してもらうことが前提となるビジネスです。このため、顧客との長期にわたる関係性を構築できる点が2つ目のメリットになります。

製造・販売型ビジネスでは、今回自社製品を購入してくれた顧客が、次回もまた購入してくれるとは限りません。競合社の製品に乗り換えてしまう可能性もあります。特定のブランドや製品、サービスを継続的に再購入・再利用してくれることを、ブランドや製品に対する「ロイヤルティ（Loyalty、忠誠度)」と言います。

企業は、自社のブランドや製品を継続的に購入・利用してくれる高いロイヤルティを持った顧客を生み出すために、さまざまな努力を続けています。この鍵となるのが、顧客に満足度の高い価値を提供することです。サブスクリプションは、長期にわたり顧客との関係性を構築できるため、顧客への価値提供を継続的に行えるというメリットがあります。

グローバル展開する Microsoft や Adobe Systems（アドビシステムズ）が、ソフトウェア販売をパッケージ版の売り切りモデルからサブスクリプション・モデルに大転換していったのは、顧客との長期的かつ緊密な関係性を構築することに将来的な価値を見いだしたからです。

ビジネスをサブスクリプションに転換させるということは、社内のあらゆる部門が「いかに売るか」という意識から、「いかに顧客に自社製品・サービスの価値を理解してもらうか」への転換なのです。

顧客との関係性を重視するCRM

CRM（Customer Relationship Management、顧客関係管理）とは、顧客についての詳細情報（個人情報、属性等）の管理に加え、顧客とのタッチポイントとなる広告やセミナーへの参加など、顧客と出会うすべての機会までも管理して、ロイヤルティの高い顧客を維持・育成していく顧客管理手法です。かつての大量生産・大量消費の時代に生まれた「マス・マーケティング」の手法が通用しなくなり、顧客との関係性を重視するCRMに注目が集まるようになりました。パーソナライズやLTV（Life Time Value、顧客生涯価値）とも関連するコンセプトであり手法です。

CRMを支援するために、専用のITシステム（CRMシステム）が開発されてきました。このITシステムによって、大量の顧客情報の蓄積や管理が可能になり、可視化できるようになったのです。データベース化された顧客情報により、「見込み顧客」や「優良顧客」などに分類し、顧客に合わせた適切なアプローチやサポートを行います。また、これらのデータを分析し、サービスの改善や効率化に役立てていきます。

CRMシステムで提供される機能の例

顧客 データベース管理	顧客への コミュニケーション管理	顧客への サポート管理
顧客グループ別管理 ●基本情報 　（年齢、性別、地域等） ●行動情報（行動履歴） ●要望、質問履歴	●メール配信管理 ●キャンペーン管理 ●SNS連携 ●アプリのプッシュ通知	●顧客支援管理 ●セミナー、イベント管理

データの集計・分析

顧客データやフィードバックによる商品開発

サブスクリプション・ビジネスの事業者メリットの3つ目は、顧客データの活用や顧客からのフィードバックにより、サービスの改善や新たな商品・サービスの開発を継続的に行えることです。サブスクリプションでは、既存顧客の継続性を高めることが重要であり、解約率を低減させていくためにも、常に商品やサービスを改善させていく必要があります。

サブスクリプションにおいて、利用者に提供する商品やサービスは「永遠のベータ版」であるべきという考え方があります。ベータ版とは、ソフトウェアの製品版を配布する前に試用のために提供される、開発途上のテスト版のことです。サブスクリプションでは、商品やサービスに完成版というものは存在せず、顧客の要望に対応していくために、常に改良を繰り返していく必要があるというコンセプトです。たとえば、クラウド・SaaS型サブスクリプションでソフトウェアを提供している企業は、1週間に複数回、機能改善することもあります。サービスを進化させつづけることが、顧客の維持のために重要なのです。

利用者の声を集めて分析、サービスに反映させる

顧客からの意見や要望はVOC（Voice of Customer）とも呼ばれ、これらを収集・分析し、商品やサービスを改善して、顧客の満足度を上げていくことがサブスクリプションでは重要視されます。

VOCを収集する手段としては、「カスタマーサポート」「会員メール」「アンケート」などがあります。また、「ソーシャルリスニング」と呼ばれる、口コミサイトやTwitterなど、SNS上のVOCを収集・

分析してマーケティングに活用する手法もあります。これらの手法の中で特に重視されるのが、利用者の生の声を収集できるカスタマーサポートです。このため、コールセンターなど、サポート部門を外部委託せずに自社内で運営している事業者も数多くあります。さらに、開発とカスタマーサポートを連携させ、利用者からの要望や意見を共有できる体制にしている事業者もあります。

さまざまな形で収集されたVOCは分類・整理され、顧客フィードバック情報としてデータベース化されます。このフィードバック情報は優先順位を決められて、PDCAサイクルにおいて活用され、さまざまな業務が継続的に改善されていきます。顧客がサブスクリプションを継続せずに解約する理由は、サービスの種類によってさまざまですが、解約前に不満や要望をVOCなどから見つけ出し、解約の兆候を予知して対策を講じることが重要です。

定額料金での音楽配信サービスの利用を止めた理由

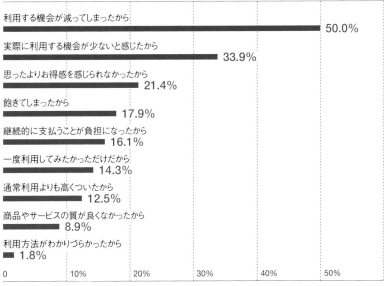

理由	割合
利用する機会が減ってしまったから	50.0%
実際に利用する機会が少ないと感じたから	33.9%
思ったよりお得感を感じられなかったから	21.4%
飽きてしまったから	17.9%
継続的に支払うことが負担になったから	16.1%
一度利用してみたかっただけだから	14.3%
通常利用よりも高くついたから	12.5%
商品やサービスの質が良くなかったから	8.9%
利用方法がわかりづらかったから	1.8%

「サブスクリプション（定額）型サービスに関する調査」（マクロミル、2018年7月）をもとに作成

サブスクリプション・ビジネスにおけるデメリットとリスク

売上・利益の低下

日本国内では、2018年前後からさまざまなジャンルで多くの企業がサブスクリプション・サービスを開始していますが、参入が多い分、撤退も増えています。これは、ビジネス的な難しさや企業にとってのデメリットが存在するからです。

企業がサブスクリプション・ビジネスに参入したり、事業転換したりすると、いったん売上が低下し、経費が増加することで、利益が下がります。売上が低下するのは、製造・販売価格に比べ、サブスクリプションの定額料金が低く設定されるからです。

サブスクリプション・ビジネスの成功事例としてよく取り上げられるMicrosoftは、ビジネスアプリケーションMicrosoft Officeを、従来からのパッケージ版に相当するOffice Home & Business 2019（永続ライセンス版）と、サブスクリプション形式のOffice 365 Business、Office 365 Business Premiumの2つの形式で提供しています。

Officeのサブスクリプション版は、新機能の自動更新やサポート、使えるアプリや各種ツールの数、セキュリティ面など、永続ライセンス版に比べて明らかに多機能な設定になっています。しかし、料金的には月額900円〜（年間契約）と、かなり低額に設定されています。料金的な比較では、サブスクリプション版は3年以上継続使用してもらってようやく永続ライセンス版と同等の売上が得ら

れる計算になります。このように低額な料金を設定しているのは、サブスクリプション版で継続的に利用してもらうことで、より多くのユーザーにOfficeの良さを体験してもらうためです。

しかしこのような価格戦略は、発売直後に大きな売上の立つ製造・販売型ビジネスに比べ、顧客1人当たりの単価が下がり、売上低下につながります。同時に、サブスクリプション事業のためのシステム構築費用や新規顧客獲得のための販促費用などが必要になるため、当初は収支が悪化するのです。

サブスクリプション・ビジネスは、製造・販売型のビジネスに比べて、黒字化するまでに時間がかかります。業種によっては、2～3年かかることもあります。この間、企業は悪化する財務状況に耐え、乗り切っていかなければならないのです。

サブスクリプション・ビジネス参入後の収益・費用の推移イメージ

事業形態転換点　　　　　　　　　　　　　　　　　損益分岐点

収益

システム構築費、販促費用等の増加

費用

事業形態転換に伴う売上低下

ビジネスモデル構築・転換までの時間経過

サブスクリプション・ビジネスへの参入や事業形態の転換により、システム構築などの費用が増加し、単価下落により売上は低下するが、一定期間後、収益と費用が逆転し、利益貢献がはじまる

091

異なるビジネスモデルによる混乱

既存事業を持つ企業が、同じ領域でサブスクリプションに参入すると、カニバリゼーション（Cannibalization）に対する懸念が社内で巻き起こります。カニバリゼーションとは、自社の立ち上げた新規事業が既存の商品や事業を侵食してしまう「共食い現象」のことです。

紳士服大手のAOKIが、スーツのサブスクリプションに参入後、すぐに撤退してしまったケースでは、社内でカニバリゼーションに対する反発が大きかったことが撤退要因の1つであったと言われています。AOKIの主力ビジネスであるファッション事業では、全国600以上の実店舗でスーツを販売しているため、ネット経由で注文を受け付けて個別配送するサブスクリプションが、既存の販売チャネルや顧客を侵食するのではないか、という懸念が大きくなってしまったのです。

また、製造・販売型のビジネスは、新製品の発売後にキャンペーンを行うことで、大きな売上を立てるのに比べ、サブスクリプションは、少額の月額収入を長期に積み上げていくビジネスモデルであるため、四半期ベースで売上・利益を開示する上場企業においては、収益的に見劣りし、事業価値が低評価になりがちです。

価値観の転換による社内の混乱

このようなビジネスモデルの違いによる混乱だけでなく、既存ビジネスとの価値観の違いによる社内の混乱も生まれます。製造・販売型ビジネスにおいては、ヒット商品を開発してキャンペーンを展開し、できる限り早期に売り切ることが求められてきました。つま

り、短期間で成果を出すことが要求されてきたのです。しかし、サブスクリプションでは、「物を売る」という価値観から「物との出合いや体験を提供する」という価値観への転換が必要となります。マーケティングにおいても、マス・コミュニケーションにより短期間に認知度を上げるという戦略から、長期にわたる顧客コミュニケーションをベースに関係性を構築していくことが求められます。これは、ビジネスに対する考え方や取り組みを根本的に変えていく必要があるため、社内に混乱を引き起こすのです。

このような企業サイドの価値観の変更は、顧客に混乱をもたらすリスクもあります。ビジネスにおいて顧客に提供する価値は、「機能的価値」「経済的価値」「心理的価値」に分類できます。心理的価値とは、そのサービスを利用することによる心理的な満足感・優越感などです。近頃、国内外で自動車のサブスクリプション・サービスが急拡大しており、ボルボやポルシェ、メルセデス・ベンツなどが試験運用も含めてサブスクリプションに参入しています。しかし、海外のハイクラスの自動車は高価で走行台数が少ないからこそ、オーナーが心理的価値を感じられる部分があります。このような価値観が、サブスクリプションにより毀損される恐れもあるのです。

業務オペレーションの煩雑化・複雑化

サブスクリプションにおける事業者メリットの1つとして、顧客データの活用や顧客からのフィードバックにより、サービスの改善や新たな商品・サービスの開発を継続的に行えることが挙げられます。これは企業にとって、より魅力的な商品やサービスを開発していくチャンスとなりますが、半面、デメリットと言うこともできます。なぜなら、解約率を低減させていくためには、常に改良・改善を繰り返す必要があり、商品やサービスの開発部門は、その作業に忙殺されることになるからです。

また、既存顧客の声（VOC）を収集・分析することが重要になるため、カスタマーサポートの負担も大きくなります。カスタマーサポートの対応は、顧客満足度を高めるための大切な要素になるため、サブスクリプション事業者にとってカスタマーサポート部門の負担は非常に大きなものになっています。

複雑化する物流と情報流

Chapter1で解説した5タイプの現代型サブスクリプションの要素を複合させて提供することで、より競争力の強いサービスを構築している事業者もあります。たとえば、前出のairClosetは、レコメンドとデータドリブン、さらにUnlimited型を複合させています。会員個別のスタイルカルテをもとに洋服をレコメンドし、返却すれば何回でも借りることが可能というUnlimited型サービスです。これを実現するために、「ピックアップ→配送→返送→修繕→保管」という複雑な物流システムを構築しています。個別のスタイルカルテは、着用後の感想をもとに更新され、スタイリストの選定に反映されます。つまり、会員が利用する度に情報が更新され、物流に反

映させていくわけです。airClosetの会員数は30万人なので、この物流と情報流が非常に大量かつ複雑なものになることがわかると思います。

現代型サブスクリプションは、このように複雑な物流や情報流を構築し、運用していく必要があります。これは、企業にとって競争力を高めていく手段になりますが、半面、高度なノウハウや多額の資金が必要となります。事業スタート段階で物流やITシステムを粗雑につくってしまうと、事業開始後にさまざまなトラブルが発生し、会員の離脱を引き起こします。複雑なシステム構築は、現代型サブスクリプションの競合優位性を構築する要因であるとともに、リスク要因と考えることもできるのです。

airClosetサービスのしくみ

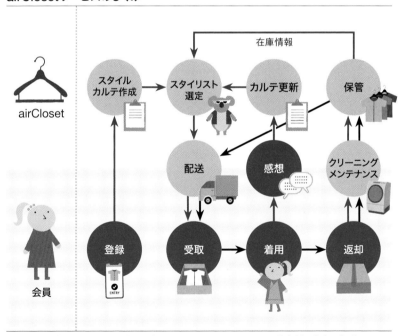

→は情報の流れ、➡は モノの流れを表す。airCloset Webサイト掲載資料を参考に作成

サブスクリプション・ビジネスの成否を分ける要因

ターゲット層の設定のズレ

サブスクリプションは、参入企業も多いが、撤退も多いビジネスです。そしてその成否を分ける要因は、撤退事例をもとに考察すると見えてきます。

ZOZOTOWN（ゾゾタウン）が2018年2月に開始したレコメンド型サブスクリプションおまかせ定期便は、会員が好みのテイストや隠したい体のパーツ、サイズ、予算感などを伝えておくと、スタッフが注文履歴なども参考にして5〜10点の商品をセレクトし、1か月から3か月ごとに届けてくれるというサービスです。会員は届いた商品から好みに合ったものだけ購入すればよく、不要なものは無料で返送でき、サービスは送料だけで利用できるというものでしたが、1年あまりで終了してしまいました。

同社によれば、「おまかせ定期便を機に新規入会した会員は購入率も高く好評だったが、普段からZOZOTOWNで買い物をしている既存会員は購入率が低く、このサービスモデルでは継続が困難であると判断した」とのことでした。

ターゲットに提供する価値とは何か

おまかせ定期便は、米国のStitch Fix（スティッチ・フィックス）のビジネスモデルを日本に持ち込んだものです。Stitch Fixは、AIとスタイリストを使って、利用者の好みやサイズに合わせたコー

ディネートを提案してくれるレコメンド型サブスクリプションです。その特徴として、利用者が登録時に質問・回答したデータをもとに AI がおすすめするアイテムを絞り込み、その後、スタイリストが最終的にパーソナライズされたアイテムを選定します。Stitch Fix には、2020 年 3 月現在、5100 名以上のスタイリストと 125 名のデータサイエンティストが在籍しています。1 回につき 5 つのアイテムが送られてきて、会員は気に入ったものを購入します。何も購入しなければスタイリング代 20 ドルがかかりますが、1 つでも商品を購入すれば、スタイリング代は割り引かれます。2019 年には、アクティブユーザー数は 350 万人に達していて、米国のサブスクリプション成功事例の 1 つに数えられています。

このように、おまかせ定期便と Stitch Fix は非常によく似たビジネスモデルですが、何がその成否を分けたのでしょうか。

サブスクリプションに限らず、あらゆるビジネスで最も重要なことは、ターゲットとする対象顧客に対して、どのような価値を提供するかということです。おまかせ定期便のターゲットは既存顧客であり、スタッフのレコメンドに反応してくれませんでした。なぜなら、ZOZOTOWN の既存会員は自分の服に対する嗜好が明確であり、レコメンドに対して価値を感じてくれなかったからなのです。

これに対して Stitch Fix は、AI とスタイリストによるレコメンドの精度こそがサービスの価値であることを明確にし、スタイリング代として 20 ドルを課金しています。このパーソナルスタイリングに価値を感じる人が、お金を払ってでもサービスを利用していると言えます。スタイリングを無料提供したおまかせ定期便とはスタンスが明らかに違います。対象顧客の設定と、どのような価値を提供するかで成否が分かれた対照的な事例と言えるでしょう。

商品調達や物流システムの負荷

紳士服のAOKIが2018年に開始した月額制のスーツ・レンタルサービスsuitsbox（スーツボックス）は、約6か月という短期間で事業撤退となりました。

このサービスは、7800円、1万5800円、2万4800円と3つの月額コースを揃え、1万5800円のスタンダードプランでは、スーツ2着、シャツ3枚、ネクタイ2本のセットを借りることができるというものです。サイズ情報とスタイリングの希望を入力すると、スタイリストが選定したセットが届けられ、借りたスーツを返却することで、月1回まで無料で交換可能で、返却・交換の際のクリーニングは不要というサービスでした。スタート時よりAOKIの4名の若手社員がプロジェクトメンバーとして着任し、企画立案や調査を実施し、ターゲットは都市部在住の20歳代〜30歳代に設定しました。

同社からは、「実際のサービス利用者は40歳代が中心であり、狙いとのズレがあった」「ユーザーの満足度を高めるためには、商品構成が難しい」などが撤退理由として挙げられ、結果、「システム構築費ならびにサービス運用コストがかさみ、黒字化が見込めないという判断に至った」と報道されました。

物流の複雑さが撤退要因

AOKIのsuitsboxは、サブスクリプションのビジネスモデルとして、いくつかの問題がありましたが、最も大きな要因は「物流システムの設計」です。

洋服や家具など、物が介在するサブスクリプションで重要になるのが、物流とITシステムの構築です。この設計がいい加減だと、サブスクリプション・ビジネスは成立しません。物流について考えてみると、AOKIの従来からの実店舗を基軸とするファッション事業であれば、グループ店舗への一括納品で済みますが、サブスクリプションでは、全会員に対して個別対応しなければなりません。

スーツのレンタルモデルでは、商品の調達・管理、会員ごとの商品選定と個別配送、返送品の受け取り・検品・修繕、クリーニング、保管、再配送という、非常に複雑な物流システムを構築する必要があるのです。当然、物流にかかる手間や費用は、非常に大きなものになります。

suitsboxは、会員ごとのサイズやスタイリングの要望に合わせてアイテムを用意し、さらに、月1回は無料で交換可能という形態をとりました。しかし、これが想定以上の費用負荷となって、事業経営を圧迫しました。パーソナライズは現代型サブスクリプションの重要な要素ですが、suitsboxは物流にかかる手間と費用の精査が不足していたと思われます。

料金設定の問題

料金設定はサブスクリプションで最も難しい要素です。なぜなら、一般的な料金設定と違い、「継続して支払いつづける」という要素が加わるからです。対象とする利用者が納得感を持って、無理なく払いつづけられる料金を設定する必要があるため、料金設定によっては、経営が難しくなってしまうケースもあります。サブスクリプションのように継続的な支払いをする場合、利用者は積算費用を考えて検討することが多いので、料金設定は利用者サイドに立って検討する必要があります。

AOKI の suitsbox では、スタンダードとして設定された月額料金が 1 万 5800 円でした。事業者サイドからすると、さまざまなコストを積み上げて決定した料金設定なのですが、対象とした 20 歳代〜 30 歳代を考えると、やはり高すぎたと思います。月額 1 万 5800 円であれば、年額に換算すると約 19 万円となり、AOKI の実店舗で数着分のスーツが購入できる金額です。現在、消費性向が最も低いと言われる 20 歳代〜 30 歳代の顧客層を獲得するには、この料金体系では難しいでしょう。

低額すぎて失敗した事例

AOKI の例とは逆に、料金設定が低額すぎて、経営が難しくなった事例もあります。米国の映画館通い放題サービス MoviePass（ムービーパス）は、月額 10 ドルで 1 日 1 回利用できるというサブスクリプション・サービスで、全米 4000 の映画館と提携し、一時は 300 万人の会員を集めました。しかし、この料金設定によるビジネスモデルにはそもそも無理があり、月 3 回に利用制限したり、人気のある映画はチケットをとりにくく設定するなど、サービスの変

更を繰り返し、2019年9月にサービスの停止を発表しました。「月額10ドルで映画見放題」というサービスはインパクトがあり、会員が急増したのですが、結果として、資金繰りやITシステムの改修などの対応に追われることになりました。また、チケットの転売など、サービスの不正利用の増加などがあり、結局、契約者数も減少しつづけて、サービスの停止に追い込まれました。

映画館のサブスクリプション・サービスに可能性がないというわけではなく、MoviePass以外のサービスも登場しています。しかしMoviePassのケースでは、ビジネスモデルの設計自体に無理があり、結果、料金やサービスの変更を繰り返し、会員が離脱するという悪循環に陥ってしまったのです。同様の事例として、英国のDripApp（ドリップアップ）があります。ロンドンの独立系カフェと提携したサブスクリプションで、「月額89ポンドでコーヒー飲み放題」というサービスを開始しました。会員数は3万人程度まで増加したのですが、資金と人材不足により事業を中止しました。

持続可能な料金設定の難しさ

このような事例から、サブスクリプション・ビジネスにおける料金設定の難しさを知ることができます。事業者がサブスクリプションで新たな市場を開拓しても、市場機会があるとわかれば競合が続々と参入してきます。また、提供されるサービスや商品が他社と大差がなく、サービスを変更するための費用や手間がかからない場合、利用者は他社のサブスクリプションに簡単に切り替えてしまいます。このような状況では、利用者とサービスを提供する事業者の相互依存度とスイッチングコストが、料金設定の重要な要因となります。競合を意識しながらも、ビジネスとして収益を出しつづけていく持続可能性（Sustainability）を考慮する必要があります。

Chapter 3

04

サブスクリプション・ビジネス
を成功に導く基本7項目

サブスクリプション・ビジネスを考えるための7項目

サブスクリプション・ビジネスの検討項目は、すべてのビジネスを
考える場合と同じで、最初に7つの基本項目を考えます。これが
固まった段階でマーケティングプランを立案し、競合差別化のため
に現代型サブスクリプションの5形態の導入などを検討します。
最後に、損益計画を立てて事業性を見極めていきます。

サブスクリプション・ビジネスをプランニングするために検討する
基本項目は、以下の7つです。

❶ 誰に（顧客）：対象とする利用者・顧客はどのような人か。ター
　 ゲットとする顧客層を明確化する。

❷ 何を（商品・サービス）：どのような商品・サービスを提供して
　 いくのか。物が介在するリアルビジネスか、デジタルビジネスに
　 するか、などを考える。

❸ いくらで（価格・料金）：商品・サービスはいくらで提供するのか。
　 顧客にとって魅力があり、ビジネス的に成立する価格・料金設定
　 を検討する。

❹ どのくらい（頻度）：提供する商品はどのくらいの頻度で購入・
　 買い換えられるものか。提供するサービスはどのくらいの頻度で
　 利用されるものかについて検討する。

❺ どこで（エリア）：商品・サービスが提供されるエリアはどこか。
　 リアルなサービスの場合、提供エリアと利用者数は密接に関連す
　 る。

❻どのように（物流）：提供される商品・サービスは、どのように
　して顧客の手元に届くのか。物流システムの構築に関わる検討事
　項。
❼なぜ（動機）：事業者が、そのビジネスを行う意義や動機を考える。

上記の各項目はそれぞれ独立したものではなく、有機的に結合して
いるものです。このため、①から順に検討する必要はなく、むしろ
同時に検討していくべきものです。ただし、サブスクリプションは
顧客に継続利用してもらうビジネスなので、対象顧客を起点にして
検討することが重要です。

サブスクリプション・ビジネスの基本7項目

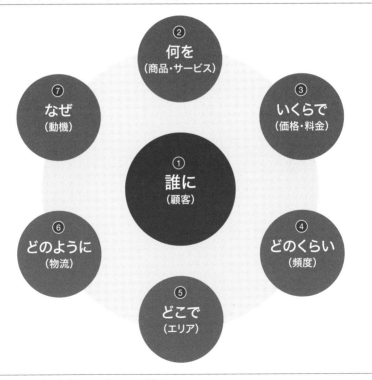

対象とする顧客を起点としてプランニングする

Chapter 3

05

参入市場と対象顧客の明確化

市場の細分化によるセグメンテーション

サブスクリプション・ビジネスは対象顧客を起点にしてプランニングしますが、その際、セグメンテーション、ターゲティング、顧客の明確化、ポジショニングという流れでプランニングしていきます。

「セグメンテーション」とは、類似したニーズや性質などにより市場を細分化し、顧客グループ（セグメント）をつくっていくことです。消費者市場を細分化するためには、さまざまな「変数」が使われます。従来から用いられているのは、「デモグラフィック変数（人口動態変数）」と「ジオグラフィック変数（地理的変数）」です。デモグラフィック変数は、年齢、性別、所得、世帯規模、家族のライフサイクル、職業、教育などに基づいて、市場を細分化します。ジオグラフィック変数は、国、地方、県、市、地域の人口密度など、地理的単位で市場を細分化していきます。

これ以外にも、ライフスタイル、パーソナリティ、階層などに基づいて細分化する「サイコグラフィック変数」や、製品・サービスに対する知識や態度、使用法などで分類する「行動変数」などがあります。近年では、ITの進化により、ネットにおける行動変数が大規模かつ詳細に把握できるようになりました。Google Analytics（グーグル・アナリティクス）などのアクセス解析ツールを利用することによって、利用者がどのようなWebページを閲覧し、どこで離脱して、どこに遷移したかなどの行動を把握することが可能になっています。

対象とする顧客を明確化する

セグメンテーションを行った後に、どのセグメントを標的化するか
を決めることを「ターゲティング」と言います。自社が参入すべき
市場の規模、自社の強み・資源、参入障壁、競合などを検討して決
定します。参入すべき市場セグメントが決定したら、競合と自社を
差別化し、相対的に魅力的であることを利用者に認知してもらうた
めに、「ポジショニング」を考えていきます。

サブスクリプション・ビジネスでは、ターゲットとする市場を検討
するとともに、対象顧客を明確化する必要があります。顧客にとっ
て価値ある商品・サービスを提供し、いかに長期にわたり利用して
もらうかがビジネスの根幹だからです。この際、できる限り詳細に
顧客像を描くことが成功のポイントです。

たとえば、女性に洋服をレンタルするサブスクリプション・サービ
スを考えた場合、「30歳前後の女性」というレベルの対象顧客の設
定では漠然としすぎていて、「仕事の有無」「結婚して、子どもがい
るかどうか」「平日は毎日仕事があるのかどうか」などの判断がで
きません。そこで、「30歳前後で、平日は仕事のある女性」まで対
象を絞り込むと、その生活スタイルが少し明確になってきます。さ
らに、「仕事が忙しくても、オシャレには興味・関心が高い」など
の定性項目を加えていきます。こうすることで、ターゲットの洋服
に対するニーズを「職場に着ていくことのできるオフィスカジュア
ルな洋服」や「休日にオシャレを楽しめる洋服」などに絞り込むこ
とができます。このように、対象を明確にすることで、何回くらい
使われるかという利用頻度や、どのような商品を揃えていくべきか
などが明確になっていきます。

06 提供する価値と料金設定

サブスクリプションが提供する3種類の価値

参入市場と対象顧客が明確になってきたら、サブスクリプション・サービスとして提供すべき価値を検討します。サブスクリプションで提供する価値は大きく「経済的価値」「機能的価値」「体験的価値」の3種類に分類することができます。

経済的価値は、提供される商品やサービスがもたらす「お得感」です。機能的価値は、提供される商品やサービスの利便性や機能的なメリットです。体験的価値は、その商品やサービスを利用することで、今まで得たことのない体験を得ることができるというものです。B to Bでは、経済的価値や機能的価値が重視されます。B to Cのサービスでは、経済的価値や機能的価値だけでなく、体験的価値が重視されることもよくあります。また、これらを複合させた商品やサービスも存在します。

サブスクリプションが顧客に提供する価値の3分類

経済的価値	●商品やサービスが安価になる（会員制） ●料金を気にせず何回でも使える（Unlimited） ●買ったけれど使わないリスクを回避できる（交換可能）
機能的価値	●自宅に配送されるので手間や時間を節約できる ●さまざまな店舗を横断的に利用できる ●自分で選ぶ手間を省くことができる（レコメンド）
体験的価値	●スポーツや習い事などを継続的に体験できる ●高級な家具やバッグなどを購入せずに利用体験できる

サブスクリプションで最も難しい料金設定

サブスクリプションの成否を決める重要な要素が料金設定です。料金プランを設計するのには、3つの視点が必要になります。

一番大切な視点は、「利用者サイドからの視点」です。利用者サイドから見て、商品・サービスに支払う対価として適当な料金設定を考えます。サブスクリプションの場合、これに「継続して支払いつづける」という要素が加わります。サービスの対価として納得感があり、かつ無理なく支払いつづけられる料金を考える必要があります。

2つ目の視点は、「事業者サイドからの視点」です。自社が提供する価値の対価として妥当な料金を考えます。事業者にとって最も都合のよい料金設定は、商品やサービスのコストを算出し、それを積み上げて利益を上乗せする方法です。これは「コストプラス」と呼ばれる手法で、事業者にとってはメリットが大きいのですが、利用者が支払ってもよいと考える料金とは乖離することがあります。このギャップを分析して、適正な料金を導き出すことも重要です。

同様のサービスで競合が存在する場合は、競合の料金も参照する「競合に対する視点」も必要になります。市場シェアを獲得するために、料金を思い切り低くして、一時的に原価レベルや原価以下の料金設定にする戦略もあります。こうした料金戦略を「ペネトレーション・プライシング（Penetration Pricing、市場浸透価格設定）」と呼びます。クラウド・SaaS型サブスクリプションなど、物が介在しないソフトウェアは、変動費比率が低く、思い切った料金設定ができるので、このような料金戦略をとることもあります。

Chapter 3

07 商品調達と物流の構築

商品調達が関門となるレンタル系サブスクリプション

バッグや洋服、家具など、物が介在するサブスクリプション・サービスでは、提供する商品を「調達」する必要があります。特に、レンタル系サブスクリプションの場合、サービススタート前から一定量を揃えておく必要があります。この数量が少ないと選択肢も限られ、サービス自体に魅力がなくなってしまうからです。また、会員数の増加やそれに伴うニーズの多様化に合わせて、調達量を増やしていく必要があります。レンタル系サブスクリプションは、サービスをはじめる前のイニシャルコスト（初期費用）や、会員の増加に合わせた変動費（売上の増減に比例して変動する費用）が大きいビジネスモデルとなります。

サブスクリプション・サービスも、いろいろな方法で調達コストを下げる試みをしています。高級バッグのレンタルサービス Laxus は、自社購買による調達以外に、シェアリングを組み合わせています。洋服のメチャカリは、自社グループ内の実店舗の仕入れに相乗りして、購入価格を引き下げています。商品単価の高いデザイン家具を扱う subsclife（サブスクライフ）は、情報だけ先に Web ページに掲載しておいて、利用の注文が入った時点で購入するという形態をとっています。カメラや最新家電などを扱う Rentio（レンティオ）は、自社購入以外に企業から預かったものを「レベニューシェア（Revenue Share)」で貸し出すことをしています。これ以外にも、レンタルする商品を購入可能にしたり、中古販売にまわしたりなど、各社さまざまなしくみを構築しています。

商品管理においては、一般的に「在庫回転率」によって在庫状況を管理します。在庫回転率とは、企業が保有する在庫が一定の期間に何回売れたか、あるいは貸し出されたかを表す数値です。カテゴリーによって数値は異なりますが、在庫回転率が大きいほど、商品調達にかかった費用が売上に変わっていることになります。

在庫回転率は金額か数量で算出します。金額で求める場合は、期間中の出庫金額（売上原価）／期間中の平均在庫金額（棚卸資産）となります。期間中の平均在庫金額を割り出すには、（期首在庫金額＋期末在庫金額)÷２を使います。数量で求める場合は、期間中の出庫数／期間中の平均在庫数となります。日常的に在庫を確認するためには、数量ベースでの管理が効率的とされています。

複雑な物流システムの構築

ネットサービスは、そのタイプによって物流の条件が異なってきます。納入先が百貨店など大手小売のみの B to B であれば、１度の配送で大量に送ることが可能なため、物流は単純で済みます。しかし、現在の多様なネットサービスの物流は、非常に複雑になっています。取引形態、取扱品種、配送頻度、配送に加えて返送を伴うかどうか、などの物流条件は、ネットサービスごとに異なります。

サブスクリプション・サービスでは、配送のサイズや頻度、包装のタイプ、保管場所などによって費用が変わってきます。保管場所の費用はオフィスの家賃などと同じく固定費扱いになるので、特に管理が必要な経費項目です。顧客満足度の高いサービスを構築していくためには、物流システムを構築し、精緻に費用を見積もっていくことが重要になります。

08 全社体制と競合差別化

事業理念の策定とトップのコミットメント

サブスクリプションは、長期にわたり顧客との関係性を構築していくビジネスなので、企業サイドにおいても長期的に事業を継続していくことが絶対条件になります。このために必要となるのが「事業理念」です。事業理念とは、事業の社会における存在意義や果たしていくべきミッションを社内外に表明するものです。企業はこの事業理念をもとに事業戦略を立案します。また事業理念は、将来的なビジョンの策定や社員の行動規範などを形成していくものです。

経営者や事業リーダーの個人的な問題意識や疑問から、事業理念が生まれることも多々あります。たとえば、人事・労務サービスのサブスクリプションを展開している SmartHR（スマート HR）は、「妻が妊娠中で、産休・育休申請書の作成に苦労しているのを見て、社会保険手続きを簡単にできる方法はないか考えた」という創業者の問題意識が事業構想や理念の出発点になっています。

事業理念の徹底にはトップのコミットメントが必須です。特に、既存事業を製造・販売型からサブスクリプションに転換する際には、収益構造や価値観、各部門のオペレーション、業績評価などが変わります。また、短期的に収益が落ち込むため、社内には混乱が生じるだけでなく、サブスクリプションに対しての反発や懐疑的な意見も現れます。このような際に、トップが揺るぎのない信念を持ち、全社一丸となって事業を遂行する体制をつくり上げることが成功の秘訣です。

サブスクリプション・ビジネスに転換して成功した Microsoft は、3 代目 CEO の Satya Nadella（サティア・ナデラ）の号令下、クラウド化やサブスクリプション化を推し進めました。一方、Adobe Systems は、CEO の Shantanu Narayen（シャンタヌ・ナラヤン）が、従業員や投資家の疑念に対して丁寧にコミュニケーションをとり、ビジネスモデルの転換を成し遂げました。

競合に対する優位性の構築

ビジネスの基本 7 項目を検討するとともに、競合に対する差別化を考えて、ビジネスモデルを構築していくことも重要です。なぜなら、市場の可能性が見えてくると競合が多数参入してくるからです。現代型サブスクリプションの 5 形態は、すべてが競合に対する優位性を構築する手法とも言えます。

従来からある差別化の方法は、「製品差別化」「価格差別化」「サービス差別化」「ブランド差別化」などです。サービス差別化は、サービス自体が同じようなものでも補助的なサービスの違いで差をつける方法であり、顧客コミュニケーションが重視されるサブスクリプションにおいては非常に有効です。

このため、サービス利用者からの質問に回答する「カスタマーサポート」だけでなく、「カスタマーサクセス」を導入する事業者も増えています。カスタマーサクセスは、利用者の目的達成を能動的にサポートする部署で、学習用コンテンツをつくって提供したり、運用サポートに訪問したりもします。サブスクリプションは、利用しつづけてもらうことで収益を得るビジネスです。このため、積極的に利用を促進し、顧客の目的が達成できるように支援しているのです。

ユニットエコノミクスと
事業性の見極め

顧客生涯価値による事業性の判断

サブスクリプションの事業性を判断するためには、「LTV（顧客生涯価値）」という指標が使われます。これは、1人の顧客がサブスクリプション・サービスを使いはじめてから解約するまでに、事業者にどれだけ収益をもたらしたかを算出する指標です。

サブスクリプションでは、利用者が定期的に支払ってくれる料金が収入になるので、継続してくれる期間が長ければ長いほど、企業に収益をもたらしてくれることになります。このため、解約率（チャーンレート）を下げ、継続率を高めていくことが重要になります。LTVにはさまざまな計算方法がありますが、単純化すると以下になります。

LTV=1 顧客当たりが支払う定額×継続期間

次ページの図は、「ユニットエコノミクス」と呼ばれる顧客を基準とした事業性判断のイメージです。継続顧客の売上から継続顧客の維持費用と新規顧客の獲得費用を差し引いたものが損益になります。月次の売上に対して解約率はマイナスの影響があります。新規顧客獲得に要する費用の回収にかかる期間が「回収期間」となります。定期収入をベースとする売上が順調に伸びないと、回収期間は長期になってしまいます。このため、サブスクリプション・ビジネスで留意すべきことは、「新規顧客獲得のスピードと規模、および獲得費用」「既存顧客の維持、および維持費用」です。

ユニットエコノミクスによる事業性判断のイメージ

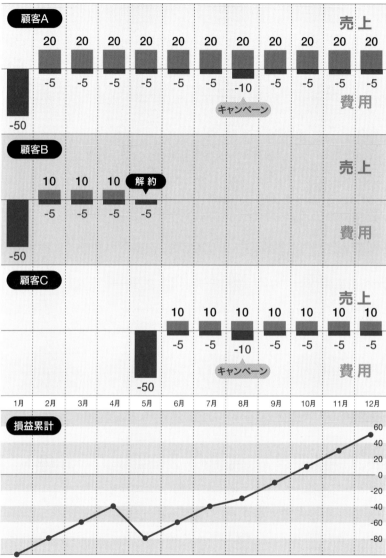

1か月目に、新規顧客獲得費用50を使って、月額20の新規顧客A、月額10の新規顧客Bを獲得。2か月目以降、売上が発生するとともに維持費用も発生。その後、5か月目に顧客Bから解約されるが、入れ替わる形で月額10の新規顧客Cを獲得する。

事業全体では、5か月目の顧客Bの解約と顧客Cの新規顧客獲得費用により損益累計の赤字期間が長くなるが、10か月目に黒字に転換し、徐々に黒字幅が広がりつつある状況と言える。また、LTVの観点で見れば、事業者にとって顧客Aが最も優良な顧客となる

ビジネス全体の損益管理

サブスクリプション・ビジネスの事業性は、単月ではなく中・長期で検討する必要があります。既存顧客の支払う定額の累積を売上とし、そこから新規顧客の獲得費用、既存顧客の維持費用、商品やサービスの製造・調達・確保等の費用、物流費用、IT などのシステム運用費、販売管理費などを差し引き、損益が確定します。

定額制のサービスなので、売上を増加させるためには「新規利用者数を増やす」と「既存利用者の利用期間を延ばす」の 2 つが基本になります。これに、利用者の単価を向上させる「アップセル」や、レコメンドにより関連売上を向上させる「クロスセル」を組み合わせて、売上のバリエーションを増やすこともあります。

事業性を評価するためには、「損益分岐点」を確認します。損益分岐点とは、売上高と費用の額が等しく、そこを超えると利益が出はじめる売上の額です。解約数が低ければ、ここから安定的な利益が生まれはじめます。損益分岐点売上高はいくらになるのか、その金額を把握するとともに、損益分岐点に到達するには、どのくらいの期間がかかるのかを把握することが重要です。

事業全体の収支を考える

ビジネスをスタートしても、すぐには売上が立たず、初期コストや運用コストを含めて損失がかさんでいきます。利用者が増えてきて売上が累積し、損益分岐点を超えると、はじめて利益が出ます。これを「単月黒字の達成」と言います。しかし、単月黒字を達成しても、解約者が多く出たり、新規顧客獲得のために費用を集中投下する必要などがあったりして、すぐには安定的な利益が出る状態には

なりません。このように赤字と黒字を繰り返しながら、定常的に利益が出る状態を目指します。

積み上げた利益（累積利益）額が、累積損失額と同じになることを「累損一掃」と言います。累積損失を一掃してから、ようやく事業は利益貢献をはじめるのです。このため、累積損失額の見積もりと累損一掃期間については、十分に検討しておくことが必要です。累積損失額が大きく、その一掃期間が長ければ、それだけ事業運営にお金が必要になるからです。

サブスクリプション・ビジネスの事業性を判断する損益イメージ

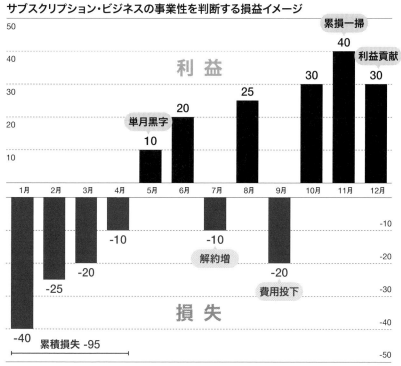

事業開始から4か月間は、費用＞売上で損失が累積。5か月目、6か月目に単月黒字を達成するが、7か月目に解約者が多く出て、単月赤字に転落。9か月目に新規顧客獲得費用を投下した効果が出て、11か月目に累損一掃を果たし、12か月目から利益貢献がはじまる

column

"ハードウェアの分野にも広がるサブスクリプション"

業務を支援するサブスクリプションは、SaaS など、デジタル系サービスが先行していますが、今後はハードウェアの分野でも、さまざまなサービスが登場してくるはずです。

物流の分野においては、物流ロボットのサブスクリプション・サービスが 2020 年より本格化しました。このサービスを手がけるのは、物流ロボットを扱う中国・深圳のスタートアップ企業、Syrius Robotics（シリウスロボティクス、炬星科技）です。同社は三菱商事と共同で、倉庫内の物流に使う AMR（Autonomous Mobile Robot、自律走行ロボット）をサブスクリプション方式で提供していきます。

同社の「FlexComet」は AI 半導体を搭載した物流ロボットで、引き当てがかかった商品の保管ロケーションまで自動で走行し、ピッキングした商品を所定の場所に運ぶなど、ピッキング作業の支援をします。

FlexComet は、自分で撮影した画像を AI で解析して位置データを認識でき、複数の FlexComet が現場で直接通信して動きを決めていきます。このため、上位システムとしてはクラウドサービス型の「WCS（Warehouse Control System、倉庫制御システム）」のみを必要とし、倉庫現場に設置するサーバーは不要となることから、既存の倉庫にも導入しやすいという特徴があります。

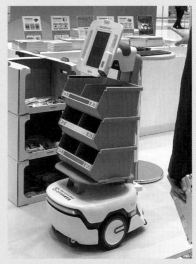

AI 半導体を搭載した物流ロボット「FlexComet」
（写真提供：三菱商事）

Chapter 4

広がりを見せる
サブスクリプション・
サービス

私たちの生活を支援したり、楽しみを広げたり、ビジネスを支援したりするさまざまなサブスクリプション・サービスが誕生しています。

生活を支援する
サブスクリプションの現状①

日用品の補充型サービス

私たちの生活を支援するサブスクリプション・サービスは、「補充型サービス」と「特定ターゲット向けサービス」に大別できます。

補充型サービスとは、日用品や健康食品、化粧品など、継続的に利用しているものを、月額（あるいは年額）支払いにより定期購入する、従来からあるサービスです。近年、関心が高まっているのは、利用者の嗜好に合わせた商品が詰め合わせて届けられる「サブスクリプション・ボックス」というサービスです。サブスクリプション・ボックスは、レコメンド型のサービスが主流となっています。

米国のEコマース利用者に人気のあるサブスクリプションの総合ランキングで1位のAmazon Subscribe & Save（アマゾン定期お得便）は、シャンプーや洗剤、ミネラルウォーターなど、日用品を補充するものです。2位のDollar Shave Club（ダラー・シェーブ・クラブ）は、2011年に創業した、カミソリや洗顔・入浴用品の定期宅配サービスであり、Harry!s（ハリーズ）もカミソリの定期配送サービスです。また、女性ランキングに入っているAdore Me（アドア・ミー）は、下着のサブスクリプションです。

日用品の補充型サービスは利用者の多い分野ですが、日米では人気のジャンルに違いがあります。たとえば、カミソリのサブスクリプションは、米国では高い支持を得ていますが、日本では同様のビジネスモデルが失敗しています。近所にカミソリを販売するドラッグ

ストアやコンビニエンスストアが数多くある日本では、サブスクリプションによる新規顧客の獲得が伸び悩んだことが撤退要因と言われています。

国内における女性対象の調査では、定期購入およびサブスクリプション・ボックスの利用は、やはり従来からある健康食品・ダイエット食品や化粧品、シャンプーなどのカテゴリーが多数を占めています。サブスクリプション・ボックスを使う理由としては、健康食品・ダイエット食品は「割引価格で購入できる」という経済的な理由や、「買い忘れがなくなる」「自分で選ばなくてよい」など、利便性が挙げられています。

しかし同調査では、今後利用したいサービスとして、健康食品・ダイエット食品や化粧品などの従来カテゴリーに次いで、「ミールキット」と呼ばれるレシピ付き食材や菓子などのレコメンド型サブスクリプション・ボックスが選出されるなど、新たなサービスへの興味・関心が高まりつつあることが示されています。

利用したことのあるサブスクリプション・ボックスのカテゴリー

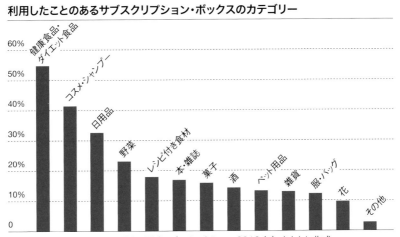

「サブスクリプション BOX に関する調査」（スナックミー、2019 年）をもとに作成

コンタクトレンズや眼鏡のサブスクリプション

生活支援サービスには、特定ターゲットに向けたサブスクリプションも数多くあります。国内企業によるサブスクリプションの成功事例の1つと言えるのが、メニコンのコンタクトレンズ月額利用サービス、メルスプランです。2001年にスタートしたこのサービスは、2019年3月期で、年間売上高406億円、会員数は130万人を超える規模になっています。

メルスプランは、コンタクトレンズにキズが付いたり、破損したりした場合、無料で交換できるなどのサービスが支持され、現在でも、売上高、会員数において着実な成長を続けています。また、同社の成功事例により、コンタクトレンズのサブスクリプションには、競合企業も数多く参入しています。

コンタクトレンズだけでなく、眼鏡のサブスクリプションも登場しています。メガネの田中が2019年から開始したのが、定額制のメガネ・サングラスかけかえサービスNINAL（ニナル）です。中学3年生以下を対象とした、レンズとフレームの両方を回数無制限で交換可能なプランNINAL Stepもスタートしています。これに追随して、メガネスーパーも小学6年生まで加入できる、レンズ・フレームが交換可能なサブスクリプションをはじめました。

サブスクリプションやD２Cに活路を見いだす

低価格競争が一段落し、次の成長戦略を模索する眼鏡業界では、サブスクリプションやD２C（Direct to Consumer）に注目が集まっています。D２Cとは、メーカーが企画・製造した商品を、小売を介さずに、自社のEコマースなどで直接販売するビジネスモデル

です。販売やマーケティングコストを圧縮し、高品質ながら安価な製品を提供していくことで支持を集めています。米国の眼鏡メーカー Warby Parker（ワービー・パーカー）などが著名であり、洗練されたデザインの眼鏡が95ドルで入手できたり、好きなフレームを最大5つまで無料で借りたりできるサービスなどで高い人気があります。

右肩上がりの成長戦略を描くことが困難な現在、眼鏡業界に限らずさまざまな業界で、Ｄ２Ｃやサブスクリプションに活路を見いだそうとする動きは活発化しています。

また、成長分野としては、学習やスキルアップを目的としたい人向けのサブスクリプションも活況を見せています。英語やプログラミング、ビジネス系など、さまざまなジャンルでサービスが増加しており、スマートフォンで場所を選ばずに学べることが支持されています。2020年に発生した新型コロナウィルスの影響もあり、在宅での学習機会が増えています。今後、ネットを活用した学習支援サービスは、より盛況になっていくはずです。

生活を支援する
サブスクリプションの現状②

中期的な利用に適したサブスクリプション

レンタル系サブスクリプションの特徴として、数か月から1、2年程度の中期的なレンタル期間と解約可能なことが挙げられます。何か物を借りるには、レンタル、リース、サブスクリプションなどの手段があります。しばらく試用して気に入ったら購入したいという場合、基本的に短期間のレンタルや、年単位契約で途中交換が不可能なリースは不向きです。その点、試用したい場合や利用期間が中期的な場合にはサブスクリプションは適しており、この特徴に着目したサービスが増加しています。

新規顧客の獲得を目指す自動車のサブスクリプション

自動車のサブスクリプションは、2017年に米国のGMがサービスを開始すると、その後、フォード、ボルボが追随し、2018年には、ポルシェ、BMWが参入するなど、世界の大手自動車メーカーがサービスをはじめています。国内でも、中古車流通大手のIDOM（いどむ、旧ガリバー）が2016年より参入し、2019年には、トヨタ自動車がサブスクリプション・サービス KINTO（キント）を開始しました。

月々の定額払いで自動車を利用できるサブスクリプションは、頭金や初期費用が必要なく、月額に任意保険や自動車税、登録諸費用、車両メンテナンス費用などが含まれています。また、契約期間中に複数の車に乗り換えることが可能なサービスもあります。

短期間の利用がメインのレンタカーは予約が必要であり、週末には空きがなくて予約できない場合もあります。カーリースは、通常、5年以上の長期利用ができますが、車の乗り換えなどはできません。その点、中期的なレンタルが可能な自動車のサブスクリプションは、「所有から利用へ」という消費志向の変化にもマッチしたサービスと言われています。

トヨタの参入により、日本でもカー・サブスクリプションが本格化すると期待されているのですが、各社とも苦戦しているのが実情です。この市場にいち早く参入したGMは、定額で高級車ブランド「キャデラック」を利用でき、複数車種の乗り換えも可能というサービスを展開していましたが、2018年にはサービスの休止を発表しました。サービス運営に想定以上のコストがかかり、収益が見込めないことが原因とされています。また、トヨタのKINTOも申し込みが少ないため、取り扱い車種の拡大や中古車を利用した低価格サービスの開始など、テコ入れ策を打ち出しています。

しかし、これまで大手自動車メーカーが構築してきた、開発から製造における高い技術力と系列店の販売力による優位性や収益構造には限界が見えてきています。サブスクリプションを取り入れることで、新しい顧客層を獲得し、新たなサービスを開拓していくことが各社のミッションとなっているのです。

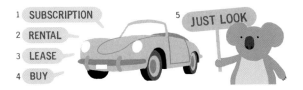

法人需要も増加する家具のサブスクリプション

中・長期的なレンタルとして、家具のサブスクリプションも、2018 年以降、事業者が増加しているジャンルです。従来から、進学や単身赴任で一人暮らしをはじめた人向けの家具のレンタルサービスは存在したのですが、サブスクリプションとして登場しているサービスは、家具の種類の豊富さが特徴となっています。

たとえば、subsclife はシンプルな家具だけでなく、デザイン性を備えた家具や有名ブランドの家具も揃えていることが特徴です。貸し出される家具はすべて新品で、利用期間後は購入することも可能です。このため、中期的に利用して、使い勝手や自分の部屋に合うかどうかを試すことができます。

個人向けだけでなく、家具のサブスクリプションの法人需要も増加しています。法人では「働き方改革」の影響もあり、職場環境の向上を目指す風潮が高まっていることに加え、スタートアップ企業などを中心に、職場のオシャレ感をアップすることで人材採用につなげたいという思惑があるからです。また、企業にとって家具のサブスクリプション利用は、家具を購入する必要がなく、利用期限も設定できるので、キャッシュフロー的なメリットも大きいのです。企業が資産を圧縮する傾向が強い現在、法人も有望なマーケットとして捉えられています。

家具のサブスクリプション・サービスに、最短利用期間が 3 か月以上など、中期で設定されているものが多いのは、家具はサイズが大きいため配送料が高額になってしまうことも関係しています。

子どもの成長に連動するサブスクリプション

ベビー用品のように、一定期間が過ぎたら使わなくなるようなアイテムも、中期的なサブスクリプションのニーズがある分野で、事業者の参入が増えています。なかでも、成長が早くすぐにサイズが変わってしまう子ども服は、頻繁に買い替えが必要なジャンルです。購入や処分の費用や手間・時間を考えると無駄が多いため、サブスクリプションやシェアリングのサービスが生まれています。定額を支払うことで、定量の子ども服が宅配されてくるサービスも登場しています。

子ども服だけでなく、玩具もサブスクリプションで注目されている分野です。米国で 2009 年創業の Little Passports（リトル・パスポート）は、子どもが「世界」に興味・関心を持てるように、世界各地からの手紙とおみやげを通して世界を学ぶことができる知育玩具を配送するサブスクリプション・サービスで人気があります。アイテムはパネラーや教育者、子どものフィードバックをもとに選定され、旅行カバンを模したボックスに詰めて配送されます。ただし、玩具の分野は子どもの成長や年齢に合わせたアイテムを的確に選択・提供することの難易度が高いことに加え、スマートフォン・ゲームの普及などもあり、参入・撤退が多い分野でもあります。

Little Passports のサブスクリプション・サービス「World Edition」（6 歳から 10 歳向け）で送られてくる知育玩具（Little Passports Web サイトより）

日常生活の楽しみを広げる
デジタルサービスの現状

オリジナルコンテンツが魅力の動画配信サービス

近年、動画配信サービスでは、サブスクリプション（SVOD、定額制動画配信サービス）が主流になっています。Netflix や Hulu、Amazon Prime Video、dTV（ディーティービー）などの各事業者は膨大なコンテンツを集め、Unlimited 型で配信しています。コンテンツのジャンルも多彩で、映画やテレビドラマだけでなく、テレビ番組やアニメ、ドキュメンタリーなど、さまざまなジャンルをカバーしています。Amazon Prime Video のように、サブスクリプションでもダウンロードが可能なサービスもあり、まさに「いつでも、どこでも視聴できるサービス」となっています。

市場も拡大しつづけており、GEM Partners の調査発表では、2019 年の国内の動画配信市場は、推計で 2158 億円（前年比 28.5％増）であり、そのうち SVOD が 80.2％を占めています。市場シェアを見ると、1 位の Netflix と 3 位の Amazon Prime Video がシェアを伸長しています。この 2 社は、オリジナルコンテンツの制作に積極的なことでも知られています。

Netflix は、2019 年度の全世界の有料会員・登録数が 1 億 6709 万人に達しています。この躍進を支えているのがオリジナルコンテンツの制作です。2013 年に自社制作したドラマシリーズ『ハウス・オブ・カード 野望の階段』は、1 クール全話を一挙に配信したことでも評判になりました。週 1 回のペースで放映されるテレビドラマと違い、自分のペースで好きなところまで観ることができる新

しい視聴スタイルが生まれました。Netflix はオリジナルコンテンツを制作する利点として、「テレビドラマと違い、毎週の視聴率競争を繰り広げる必要がないため、じっくりとストーリー展開ができること」「パーソナライズされたプロモーションにより、過去のコンテンツであっても的確なターゲットに告知できること」などを挙げています。Netflix のコンテンツ制作はグローバル展開されていて、日本でもオリジナルコンテンツが制作されています。

Amazon Prime Video も、2013 年からオリジナルコンテンツ制作を開始しており、シリーズドラマは 30 タイトル以上つくられています（2020 年 4 月現在）。日本でのオリジナルコンテンツ制作にも積極的で、アニメとバラエティ番組を中心に、多数の作品をつくり上げています。オリジナルコンテンツの制作では、投資額や制作本数などでこの 2 社が群を抜いています。しかし米国では、2019 年から Disney ＋（ディズニープラス）や Apple TV ＋（アップル・ティービープラス）などがサービスを開始しており、潤沢な資金を背景にオリジナルコンテンツ制作を積極的に行っていくと思われます。SVOD の世界は膨大なコンテンツを Unlimited 型で楽しませるだけでなく、オリジナルコンテンツによる差別化競争という段階に入りつつあるのです。

定額動画配信サービス別市場シェア（2019年）

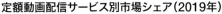

Netflix	DAZN	Amazon Prime Video	U-NEXT	Hulu	dTV	その他
13.8%	11.2%	10.9%	10.7%	10.5%	9.7%	33.2%

市場規模合計 2158億円

「動画配信（VOD）市場 5 年間予測（2020-2024 年）レポート」（GEM Partners、2020 年）をもとに作成

サブスクリプションで変わる新聞・雑誌

「サブスクリプション」の語源は、新聞や雑誌などの定期購読や予約購読から生まれた言葉です。インターネットの普及により、新聞や雑誌などのアナログメディアはネットへの対応やネット上でどのように収益を上げるかで、長い間、試行錯誤を続けてきました。しかし、新聞社や出版社のデジタル化や収益化の試みは大半がうまくいっていません。なぜならネット上では、ほとんどの情報が無料で入手できるからです。

このような状況下で、新聞のデジタル版でサブスクリプション化に成功しつつあるのが、米国の New York Times（ニューヨーク・タイムズ）と日本経済新聞です。New York Times は、2019 年末時点で、有料のデジタルサブスクリプション契約が約 439 万件（ニュース、クッキング、クロスワードの合計）となり、ニュース単体でも、契約数で 300 万件を超えています。日本経済新聞の日経電子版は、2020 年 2 月時点で、有料会員数が 70 万人を超えていて、無料会員を合わせると、総会員数は 470 万人になっています。特筆すべきは、20 歳代や女性層の会員数が増加していることで、新聞離れが顕著な層を獲得しているのです。

この両社が成功している要因は、ネットテクノロジーへの適応力を社内で高め、ネットメディアの特性や長所を理解しながらメディア開発やコンテンツ制作をしていったことです。パソコンだけでなく、スマートフォンやタブレットなど、マルチデバイスに対応したことで、若い年代層の取り込みに成功しました。日経電子版は、会員がフォローした企業やキーワード、コラムに関する情報を自動収集してくれる「My ニュース」機能を備え、個別のニーズにも対応しています。Yahoo!（ヤフー）などのプラットフォーマーに取り

込まれ、大半のアナログメディアが単なるコンテンツ提供者になっている現状において、メディア単独で事業を確立している数少ない事例です。

プラットフォーマーに取り込まれる雑誌業界

雑誌のサブスクリプションは、ｄマガジンや楽天マガジン、ブック放題などの Unlimited 型サービスが存在します。ｄマガジンは、月額 400 円で 450 誌以上の最新号とバックナンバーを読むことができ、さらに、クリッピング（切り抜き）や期間限定されているものの、雑誌のダウンロードも可能です。ブック放題は、雑誌だけでなく、マンガや旅行雑誌の「るるぶ」も扱うなど、複数のジャンルを扱っています。月額 500 円で雑誌 350 誌、マンガ 3 万冊を楽しめるサービスです。

Unlimited 型サブスクリプションの特性は、膨大なコンテンツを揃えることです。たとえば、450 誌以上を網羅するｄマガジンは、週刊誌だけでなく月刊誌もカバーしており、ジャンルはファッション、ライフスタイル、料理・暮らし・健康、お出かけ・グルメ、エンタメ・趣味、スポーツ・車、ビジネス・IT・国際など、雑誌の大半のジャンルをカバーしています。

このような雑誌のサブスクリプションでは、プラットフォーマーである NTT ドコモや楽天が出版社に、利用者からの月額料金を分配するビジネス構造になっています。分配は PV（Page View、ページビュー）数の割合で決定されます。雑誌離れが加速している現状、出版社はこのようなサブスクリプションに参加することで、新しい読者を獲得する可能性が生まれています。

日常生活の楽しみを広げる
リアルサービスの現状

競争激化で成長が鈍化するミールキット

リアルな物が介在するサービスにおいて人気があるのはレコメンド型サブスクリプションです。米国の人気サブスクリプション・サービスで、総合3位のIpsy（イプシー）、4位のBlue Apron（ブルー・エプロン）、5位のBirchbox（バーチボックス）、6位のSephora Play!（セフォラ・プレイ）、8位のBark Box（バーク・ボックス）、9位のJust Fab（ジャスト・ファブ）、10位のHello Fresh（ハロー・フレッシュ）は、いずれもレコメンドに価値を置いたサブスクリプションです。

この中で、Blue AptonやHello Freshは「ミールキット」と呼ばれるレシピ付き食材配送サービスです。2012年創業のBlue Apronは、同社のシェフが提示する高級感のあるレシピに合わせて、週2回から4回分の食材と調味料を届けてくれるサブスクリプションです。食材は150以上の契約農家から厳選したものを調達し、30分程度で料理できることも特徴です。ミールキットのサービスは、メニューを考える手間や食料品を買い出しに行く時間を節約できるだけでなく、普段つくれないような料理を楽しめるという魅力があります。日本でも、オイシックス・ラ・大地のKit Oisixなど、ミールキットが登場しています。Kit Oisixは、2020年度第3四半期では、会員数14万人を超えるまでに成長しています。

成長が期待される食材宅配のサブスクリプションですが、代表格のBlue Apronは、2017年のIPO（Initial Public Offering、新規

株式上場）後に業績が悪化したことで株価が暴落し、その後も業績悪化に苦しんでいます。その要因として、ミールキットは参入障壁が低いだけでなく、利用者が他のブランドに変えるときの費用となるスイッチングコストも低いため、継続率が高くならないことが指摘されています。Blue Apron の躍進を見て競合の参入が相次ぎ、競争が激化するとともに会員の離脱率が高まっていきました。75万人いた Blue Apron の有料会員数も、2019 年末には 35 万人にまで減少しており、業界内では淘汰がはじまると言われています。

さまざまな化粧品を試せるビューティーボックス

米国の人気サブスクリプションにランクインしている Ipsy や Birchbox、Sephora Play! などは、「ビューティーボックス」と呼ばれるサービスです。これは、定額を支払うと化粧品のサンプルが5 点程度、毎月配送されるというもので、欧米を中心に女性に人気のあるサブスクリプションです。日本でも、BLOOMBOX（ブルームボックス）や RAXY（ラクシー）、My Little Box（マイ・リトル・ボックス）など、複数社が参入しています。

ビューティーボックスの特徴は、会員登録時に美容に関する悩みや好きな化粧品のジャンルなどを登録すると、各自のデータに合わせてカスタマイズされたプロダクトが送られてくることです。ボックスの中身は事前に予告されず、開けて見るまでわかりません。何が送られてくるかわからないワクワク・ドキドキ感や驚きが、利用者にとって大きな楽しみだからです。自分ひとりで化粧品を探すと保守的になりがちなので、新しい化粧品と出合える喜びもあります。

送付内容は事業者によって異なり、化粧品以外にサプリメントを入れたり、サンプルだけでなく現品を入れたりする場合もあります。

化粧品が送られてくるボックスもオシャレなものが多く、Ipsy の
ように可愛いポーチで送られてくるものもあり、これも高い支持を
受けている要因です。また、サンプルを使って気に入れば、現品を
購入できるサービスもあります。2010 年に登場した Birchbox は、
サンプル送付によるサブスクリプションと現品販売の 2 つを収入
源とするビジネスモデルです。化粧品メーカーにとってビュー
ティーボックスは、店頭のサンプル配布だけでは獲得できない顧客
層にもリーチできるというメリットがあります。このためメーカー
は、自社が獲得したい顧客層にマッチしたサービスに無料でサンプ
ルを供給するのです。

岐路に立つビューティーボックス市場

女性の支持を集め拡大してきたビューティーボックス市場ですが、
業界内での浮沈が激しくなっています。このビジネスは、送付物を
自社調達する必要がないため、比較的参入しやすいジャンルであ
り、ミールキット市場と同様に競争が激化しています。また、利用
者はさまざまな化粧品を試したいというニーズがあり、スイッチン
グコストも低いため、継続率が低くなる傾向があります。
Birchbox はこの分野の先駆者として高い評価を得ていましたが、
会員のニーズに応じた化粧品の仕入れや在庫管理、発送などがうま
くいかず、顧客が離脱して経営不振に陥り、ヘッジファンドが株の
大半を取得して経営再建中です。

「化粧品をいろいろ試して自分に合うものを見つけたい」「まだ知ら
ない魅力あるコスメと出合いたい」という女性心理をつかんで拡大
してきたビューティーボックス市場ですが、今後は、よりターゲッ
トを明確にし、送付する化粧品も差別化していくことが求められて
いくはずです。

日常生活にうるおいを与える花のサブスクリプション

日常生活の楽しみを広げるサービスとして需要が高まっているのが、定額で花の定期配送を行うサブスクリプションです。花の定期・宅配サービスは、花屋が直接運営していたり、事業者が市場や生産者から直接仕入れたりしている場合、価格や質的に優れた花を直送できるという利点があります。

現在の花業界には、生産・流通・販売の各プロセスに無駄が生まれるという問題があります。花屋では、40 ～ 50％ が廃棄されることを前提に生花を仕入れているのが現状です。このような状況が価格に転嫁されて花は高価なものになり、結果として冠婚葬祭など、スポット的に利用されるものになってしまっています。しかし昨今、葬儀の規模縮小などもあり、花の消費量は減少しています。そこで、花を日常的に楽しむという需要を生み出してくれるものとして、花のサブスクリプションは期待されています。

花のサブスクリプションには、近年、多くの事業者が参入しており、他業界からの参入もみられます。料金は１回の発送で500円から数千円までと多様で、発送頻度も週１回から年数回までさまざまです。生花は傷ついたり枯れたりしやすいため、従来は定期配送が難しいジャンルでしたが、物流の進化により、鮮度の良い状態で手元に届くようになりました。

しかし、花のサブスクリプションの分野でも新規参入が相次いだことにより競争が激化し、質の良くない花が送られてきたり、見本写真とかけ離れた状態の花が送られてきたりなどの苦情も増えています。花のサブスクリプション・サービスの市場にも、過当競争による弊害が生まれはじめているのです。

ビジネスを支援する クラウド・SaaS型サービス の現状

クラウド・SaaS型サービスの増加とジャンルの拡大

ビジネス分野のソフトウェアは、クラウド・SaaS型サブスクリプションでの利用が拡大しています。ソフトウェアの国内市場において、クラウド・SaaS型は5600億円を超える規模にまで成長しており、パッケージ販売との比率においても、40％を超えるまでになっています（2019年度見込）。今後もクラウド・SaaS型の利用は増加し、2023年にはソフトウェア市場の46％以上を占め、売上高で8000億円を突破すると予測されています。

SaaSの普及の理由として、必要な機能を必要な分だけ利用できるため、初期導入費用が抑えられることや、契約すればすぐに利用できる点、障害等の対応を事業者に任せられることなどのメリットが挙げられます。

ソフトウェアの国内市場規模（パッケージ、SaaS別）

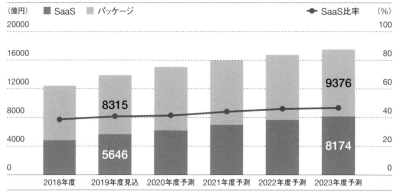

出典：『ソフトウェアビジネス新市場 2019年版』（富士キメラ総研、2019年）

サーバーやソフトウェアなどの情報システムを、企業が管理する設備内に設置・運用することを「オンプレミス」と呼びます。従来は、このオンプレミスでの情報システム運用が主流でしたが、初期導入コストや維持・管理コストなどが大きいため、クラウドへの移行が進んでいます。

これまで SaaS のビジネスでの用途は、電子メールや CRM（顧客関係管理）、グループウェアなど、情報系での利用が中心でしたが、業種・業態や業務内容に特化したサービスも数多く登場しています。SaaS はサブスクリプションや従量制がメインなので、上手に利用することで費用を抑制することが可能です。

定型業務を代行するRPA

RPA（Robotic Process Automation、ロボティック・プロセス・オートメーション）は、人間がパソコンで行う業務の流れやルールをソフトウェアロボットに記憶させ、自動でその業務を実行させるしくみです。ロボットと言っても産業用ロボットや人型ロボットのような専用のハードウェアがあるわけではなく、あくまでコンピューター上で動作するソフトウェアです。

オフィスにおける日常業務には、手順が決まった定型業務が多数あります。たとえば、請求書の発行やダイレクトメールの発送業務など、反復作業が多い業務や、伝票記入や経費精算など、取り扱うデータ量が多い業務などです。RPA は、このような手間や時間がかかるルーティンワークを代行させるのに最適なソフトウェアです。矢野経済研究所では、RPA の国内市場規模は、2022 年には 800 億円を超えると予測しています。

RPA のツールには、自動化させたい業務をパソコン上で順次実行していき、操作を記憶させることが可能な「プロセスマイニングツール」もあります。このようなツールであれば、プログラミングの知識がなくても業務を自動化することができます。

RPA 導入のメリットとして、業務の効率化や、ルーティンワークを代行させることによる生産性の向上、時間・曜日に束縛されないことによる人件費の削減、人的ミスの防止などが挙げられます。このような特徴や利点を持つ RPA ですが、サブスクリプションで提供されているツールも増えてきています。2020 年 4 月現在、月額で 10 万円以上は必要ですが、定型業務にかかっている人件費と比較して、利用を検討してもよいでしょう。

バックオフィス業務を支援するサブスクリプション

企業はこれまで、競争力を高めていくために、生産管理や顧客管理などにおいてさまざまなツールを導入し、生産性の向上や業務の合理化などを実現してきました。一方、バックオフィス業務の効率化までは、なかなか手が回らないというのが実情でした。しかし、働き方改革の推進に伴う業務時間の削減需要の増加により、バックオフィス業務に関しても、特化型ソフトウェアの導入が進んでいます。これらは、サブスクリプションやフリーミアムで提供されるものも多く、初期費用を抑えられることが導入を後押ししています。「フリーミアム」とは、基本的なサービス・製品は無料で提供し、高度な機能や特別な機能には料金を課金するビジネスモデルです。

バックオフィス系サブスクリプションで導入が多いのは給与管理系ですが、利用が拡大しているものとして経費精算ソフトが挙げられます。これは、交通費や出張費などの経費を処理するための申請・

承認・精算など一連の作業を行うソフトウェアです。申請書類の作成・回覧・承認業務は煩雑かつ正確性が求められ、手間と時間のかかるものでした。これまで専用ソフトの導入は限定的でしたが、サブスクリプションで導入の敷居が低くなったこともあり、利用する企業が増えています。

このジャンルでは、スマートフォンを活用して、社外から経費申請や承認ができるクラウド・SaaS 型の経費精算システムが主流となっています。領収書をスマートフォンで撮影して OCR 解析したり、交通系 IC カードのデータ取り込みを可能にしたりするなど、入力の自動化が進められています。また、外部サービスとの連携や会計ソフトとの連携など、経費精算の業務全般を効率化する高度な経費精算システムもサブスクリプションで登場しています。

勤怠管理や人事管理なども、クラウド・SaaS 型の導入が拡大しているジャンルです。勤怠管理ソフトは、勤務スケジュールの作成、出勤・退勤時刻の入力および修正（打刻機能）、労働時間の把握、残業時間・有給休暇の日数管理など、企業における従業員の勤怠・就業データを管理するものです。従来、勤怠管理ソフトを導入している企業は限定的でしたが、2019 年以降、「働き方改革関連法」への対応により、中小企業でも導入が相次ぎました。

人事管理ソフトは、従業員情報だけでなく、採用や育成、評価、配置、組織など、人事関連の情報を一元管理するためのものです。単なる情報管理にとどまらず、適材適所の人材配置、モチベーション管理、360 度評価のような多様な人事評価制度への対応などが可能なシステムになっています。クラウド・SaaS 型の場合、「単価×登録された従業員の人数」が月額費用になるサービスが多く、初期投資が抑えられ、無駄のないことが人気の要因になっています。

工作機械の分野でもはじまる
サブスクリプション・サービス

今後、サブスクリプション・サービスの拡大が予想されるジャンルとして工作機械の分野があります。現在、エンジンや変速機関連など自動車部品を中心に、少量多品種生産への需要が高まっています。部品ごとに生産に適した切削工具がありますが、切削工具を工作機械に固定するホルダーの価格は1本あたり数千円から数万円であり、中小企業が大量に購入するには限界がありました。

そこで日本特殊陶業は、2019年12月から、切削工具を工作機械に固定する部品「ツールホルダ」のサブスクリプション・サービス「SUISUI SWISS（すいすいスイス）」を開始しました。最大1000種類の製品から利用するホルダーを選ぶことができ、プランによって、年に数本の交換も可能です。専用のサイトを通して申し込み、製品を破損した場合も追加料金なしで交換に応じてくれます。製品の発送・引き取りは宅配便を利用。サービス開始にあたってはヤマト運輸と連携し、工場から直送することで迅速に顧客に届けることを目指しています。回収した製品は新品と同じ品質基準での検査を行い、性能を確認後、リユース品として提供します。買い切りとは別の購入方法を提供することで、日本のモノづくりを支えている中小企業の生産性向上を手助けする狙いがあります。

（日本特殊陶業 Web サイトより）

Chapter 5

サブスクリプションで変わる新しい社会

これからの新しい社会では、サブスクリプション・サービスを利用するメリットとデメリットを理解して、上手に活用することが必要です。

サブスクリプションを
利用するメリット

経済性に優れたサブスクリプション

サブスクリプションの特徴である「経済性」「利便性」「体験性」を
メリットと捉えて、上手に利用することで、私たちの生活やビジネ
スを変えることができます。

サブスクリプションの経済的メリットとして、購入するよりも月額
のサブスクリプションで利用するほうが費用的にお得なケースがあ
ります。特に、動画や音楽、雑誌、書籍などのネット配信型サブス
クリプションのコストパフォーマンスは優れています。

たとえば、雑誌の Unlimited 型サブスクリプション d マガジンは、
月額 400 円で 450 誌以上の最新号とバックナンバーを読むことが
できます。最新号だけでも、1 誌当たり、1 円以下で読めることに
なります。音楽の Unlimited 型サブスクリプション Spotify は、
月額 980 円で 5000 万曲が聴き放題なので、そのコストパフォーマ
ンスの良さがわかると思います。また、利用量や利用時間に応じて
料金が変わる従量制と違い、どんなにサービスを利用しても定額以
上は支払う必要がないため、安心感もあります。

定期購入のサブスクリプション・ボックス利用者には、従来からあ
る、健康食品・ダイエット食品や化粧品・シャンプーなどを利用し
ている女性が多いのですが、定期便にすると割引購入できることを
加入理由に挙げている人がたくさんいます。

クラウド・SaaS型サブスクリプションのビジネス系ソフトには、財務・会計、人事労務、名刺管理、営業支援など、さまざまな業務用のものが登場しています。料金体系には、定額制や定額制＋従量制などがありますが、個人事業主や中小企業向けの月額料金はかなり低額に設定されているため、パッケージ版やインストール版に比べて、初期費用やバージョンアップの際の費用などをかなり抑えることが可能です。設備投資に多額の費用をかけられない個人事業主や中小企業にとって、経済的メリットは大きいものがあります。

サブスクリプションの利便性

サブスクリプションは、自宅まで定期的に配送してくれるというメリットがあります。野菜や果物、ミネラルウォーター、酒類など、重量のあるものは特に助かります。動画や音楽などのネット配信型サブスクリプションも、販売店やレンタルショップに行く必要がないので、時間・手間の節約になります。また、店員との対面コミュニケーションが煩わしい人にも適しています。

書籍や洋服、家具などのサブスクリプションは、所有しないことのメリットを感じさせてくれるサービスです。必要がなくなれば返却でき、占有スペースや維持費・処分費が不要です。企業においても、パソコンやサーバーをサブスクリプションで利用することが一般的になりましたが、これも、占有スペースや維持・管理など、利便性の面でメリットが大きいからです。

さらに、利用料の支払いも、一度契約すれば、自動引き落としにすることも可能であり、都度支払うことなく簡便です。

体験性こそサブスクリプションの魅力

近年の消費者意識の変化として、「モノ消費からコト消費への移行」と「所有から利用への意向変化」が挙げられます。この点において、「所有することなく、さまざまな体験をできること」がサブスクリプションの大きな魅力です。

洋服やジュエリーのサブスクリプションの中には、スタイリストが登録情報に合わせてコーディネートしてアイテムを送ってくれるサービスがあります。ファッション系のアイテムは、自分だけで選ぶとどうしても保守的になりがちですが、プロのスタイリストやAI も活用したレコメンドにより、新たな発見が生まれることもあります。

「ビューティーボックス」と呼ばれるサブスクリプションは、サンプルコスメを毎月配送する定額・会員制のサービスです。美容に関する悩みや好きな化粧品など、会員が登録したデータに合わせ、カスタマイズされたプロダクトが送られてきます。毎月送られてくるボックスの中身は事前告知されず、開けてみるまで何が入っているかわかりません。これは、自分で選ぶだけでは生まれない新しいコスメとの出合いや、そこから生まれる驚き、ドキドキ感をサービスの価値として提供しているのです。

メルセデス・ベンツやアウディなどの高級車や、ルイ・ヴィトンやエルメスなどのブランドバッグのサブスクリプションも登場しています。このようなサブスクリプションを利用することによって、ハイクラスのプロダクトを「使う」という体験ができます。

場所の制約を解放するサブスクリプション

国内外各所の住居やオフィスを定額利用できるサービスも生まれています。日本経済新聞社が運営する OFFICE PASS（オフィスパス）は、国内 200 か所以上のワーキングスペースを利用できるサブスクリプションです。一方、長崎市に本社を置く HafH（ハフ）は、2020 年 8 月 28 日現在、世界 218 都市のホテルなどの施設に滞在できる定額制のコリビングサービスです。コリビング（Co-living）とは、シェアハウスやコワーキングスペースのように、さまざまな人が一緒に過ごせる職住一体型の施設のことです。このようなサブスクリプションを利用することで、1 か所にしばられることのない暮らしや新しい仕事スタイルを見つけ出せる可能性があります。

世界 25 の国と地域、218 都市、328 拠点（2020 年 8 月 28 日現在）で展開する HafH の定額制住み放題サービス（HafH Web サイトより）

また、「学び」の面でもメリットのあるサービスが登場しています。定額のオンラインプログラムであれば、好きな時に好きなだけ繰り返して学ぶことが可能です。さらに、動画や音楽、雑誌、書籍などのネット配信型サブスクリプションを活用することで、場所を選ばずに大量の作品やコンテンツに触れるという体験が可能になります。これはサブスクリプションが生み出した新しい文化的なメリットと言えるでしょう。

サブスクリプションが
もたらすデメリット

サービスを利用しないことによる不経済

サブスクリプションには、メリットもあればデメリットもあります。デメリットを把握しておくことも、サブスクリプションの活用においては大切です。

たとえば、「音楽のサブスクリプションを止めた理由」について調査すると、「利用する機会の少ないこと」が上位に挙がります。利用回数にかかわらず定額払いのサブスクリプションは、あまり利用しなければ割高になってしまいます。スポーツジムの継続率があまり高くない理由の1つが、利用率の低下による割高感です。入会当初は頻繁に通うのですが、継続期間が長くなると利用回数が減っていき、結果として利用者は定額払いに割高感を抱くようになります。サブスクリプションは、「サービスを使わないと不経済になる」というデメリットがあるのです。

セレクトされた野菜やフルーツ、酒、ジュースなどが定期的に送られてくるサービスは、日本では「頒布会」と呼ばれ、古くからあるサブスクリプションの一種です。米国でも「サブスクリプション・ボックス」と呼ばれ、利用者の多いジャンルです。重いものでも自宅配送されるので便利ですが、定期的に配送されるものを消費しきれない場合があり、無駄が生じてしまいます。

定額払いのサブスクリプションで、利用回数や消費量の変化に柔軟に対応できていないサービスには注意が必要です。

人気のあるものは利用できないという不満

動画や書籍など、膨大なコンテンツを楽しめるネット配信型サブスクリプションですが、人気のある作品や話題作は、すぐには配信されないだけでなく、いくら待っても配信されないことさえあります。これは、コンテンツ供給サイドの戦略的な施策なので仕方ないところですが、観たいもの、読みたいものをタイムリーに楽しめないという不満は生まれます。ファッションアイテムや自動車のレンタル系サービスでも、人気のあるものが順番待ちになってしまうことがあります。これらは、サブスクリプションやシェアリングの不便な点と言えるでしょう。

また通常、Unlimited 型サブスクリプションは、解約するとコンテンツが再閲覧できなくなります。このため、気に入った書籍や動画があっても、読み返したり、再視聴したりすることができません。この点もデメリットと言えるかもしれません。データやファイルを保存できるストレージ系サービスも、解約するとデータが消失するケースもあるので注意が必要です。

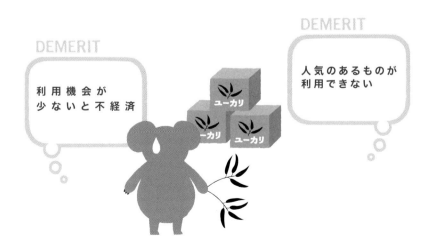

レコメンドが不要になるデメリット

サブスクリプションの大きな特徴であり魅力であるレコメンドが、自分の嗜好と合わないこともあります。この場合には、毎月送られてくる食材や洋服に対してフラストレーションが高まってしまいます。また、一度に複数の商品が送られてくるセレクト型サービスでは、原価率を調整するために、明らかに原価の低いものが混ざっているケースもあります。これも、サブスクリプション・サービスで気を付けなければいけない点です。

ワインや日本酒などで利用者に基礎的な知識がない場合は、目利きがセレクトしたものを定期配送するサブスクリプションはありがたいサービスです。しかし、ある程度利用して自分の嗜好がわかり、判断力が備わってくると、レコメンドが不要になってきます。日本酒などのレコメンド型サブスクリプションが１年程度で解約されるケースが多いのは、これが理由と言われています。

サブスクリプション契約に関するトラブル

サブスクリプションの利用を開始したものの、あまり利用しないで不経済であったり、送られてくる商品に不満があったりすると、利用者は解約を考えます。ここで注意しなければならないのは、そのサブスクリプションの契約が、年単位の契約になっていないか、自動更新の契約になっていないか、という点です。

Wi-Fiなど無線LANや格安スマホなどの契約で問題となることが多いのが、「月額利用で申し込んだつもりが、２年以上の長期契約になっている」というケースです。解約の際に高額の違約金が発生したり、解約期間が１年に１度しか設定されていなかったりとい

うケースもあります。また、契約が自動更新になっているのに、更新時期に通知がない場合もあり、注意が必要です。

近年、サブスクリプションで急増しているトラブルが、ダイエットサプリなどの健康食品を「お試し」で購入したつもりが、定期購入になってしまっていたというものです。これは「送料のみ」等の広告を見て注文したところ、「定期購入が条件」であることが注文画面とは別ページに表示されているため、見過ごしてしまい起きるトラブルです。利用者は、商品を無料、あるいは数百円程度の低価格で購入できると考え、定期購入とは認識しておらず、商品が届いてはじめて気付くケースが多く見られます。解約しようとしても、「事業者へ電話がつながらない」「お試し価格ではなく、通常価格を事業者から請求された」というトラブルも増えています。

サブスクリプションは契約が中・長期になるため、このような契約に関するトラブルや悪質な契約があることは、十分に注意しておく必要があります。

定期購入に関する相談数の推移

「平成29年版　消費者白書」（消費者庁）に掲載の「定期購入」に関する相談をもとに作成

生活に役立つ
サブスクリプションの
利用方法

正確に把握しておきたいサブスクリプション支出

私たちが生活していく上で、水道、ガス、電気など、ライフライン
の支出に加え、電話、新聞、NHK 受信料、ネット関連の回線使用
料やプロバイダ料金など、さまざまな支出があります。これらは、
定額＋従量制のサブスクリプションですが、その支出総額を把握し
ている人は少ないのです。

米国のコンサルティング会社 WEST MONROE が、「サブスク
プションの支出を、どの程度、正確に認識しているか」について、
2500 名を対象に調査したところ、興味深い結果が出ています。最
初に、デジタルサービスとデバイス、サブスクリプション・ボック
スに関連する毎月の支出について考え、10 秒後に推定額を回答し
てもらい、次に、Wi-Fi、モバイルサービス、Netflix、Spotify、
Birchbox、Dollar Shave Club など、サービスカテゴリーと具体
例を提示して 30 秒考えてもらうと、最初の推定額と 2 回目の推定
額には大きな差が生じたのです。さらに 3 回目には、各カテゴリー
の具体的な月額を提示したところ、最初の推定額からさらに大きな
乖離がありました。

●最初の推定額の平均（10 秒後）：＄79.74 ／月
●2 回目の推定額の平均（30 秒後）：＄111.61 ／月
●実際の月額費用：＄237.33 ／月

この事例でわかるように、サブスクリプションの支出総額や各サービスの料金を正確に把握していない人が多いだけでなく、総額を低く見積もる傾向のあることが見て取れます。

またこの調査では、加入しているサービスの月額について、意識的なものとあまり意識的ではないものについて調べています。コスト意識の高いものはモバイルや Wi-Fi の利用料などで、逆に、いろいろなものが詰め合わされて配送されるサブスクリプション・ボックスについては、あまり意識していないという結果が出ています。

利用計画を立て、利用料金と使用量を把握する

毎月定額で利用料金が引き落とされるサブスクリプションは、費用に対して無自覚になってしまう傾向があります。サブスクリプションの上手な利用方法の第一歩は、利用料金と使用量をきちんと把握することです。利用料金に関しては、加入しているサブスクリプションの一覧表をつくり、それぞれの料金や支出の総額を把握しておくことが大切です。その際、単月費用だけでなく、6か月、1年、3年のように、中・長期での支払い額を考えます。また、1つのカテゴリーで契約は1つにします。

送付されるものの価値を考えることも必要です。特に、いろいろなものが詰め合わされて送られてくるサブスクリプション・ボックスは、店頭のように類似商品との比較もできないため、単品ごとの価格チェックがいい加減になりがちです。また、購入系のサブスクリプションは、不要なものを買わないように気を付ける必要があります。サブスクリプション・ビジネスでは、関連商品をすすめるクロスセルや、より高額商品を提示してすすめるアップセルに誘導するのが常套手段だからです。

利用料金を検討する際には、利用回数を考えることが大切です。2018年前後から、飲食のサブスクリプションが増えています。1日1回などの制限はありますが、居酒屋やラーメン、コーヒー、ランチなど、さまざまなジャンルにおいて、月額制で飲食を楽しめるサービスです。しかし、スポーツジムと同じで、入会当初は珍しさもあって積極的に利用しますが、時間が経過するにつれ利用回数が減ってくるものです。積極的に利用すれば月額料金に見合いますが、利用回数が減れば見合わないものになってきます。目標の利用回数を下回るようであれば、解約も考える必要があります。

また、詰め合わせのサブスクリプション・ボックスは、不要なものが入っていないかをチェックします。送付される内容や量について柔軟に対応してくれるサービスもあれば、対応不可のところもあります。長期で考えると、柔軟に対応してくれないサービスは想像以上に無駄が生じるものです。

契約内容や自動更新に気を付ける

「お試し」利用や無料体験のつもりが、月額契約になっていないか、契約がデフォルトで自動更新になっていないかなど、契約内容のチェックは必須です。契約が自動更新になっていたらオフにしておきます。自動更新解除が事前に設定できない場合は、更新日を確認しておいて、不要であれば更新される前に解除します。利用サービスの一覧表を作成する際、契約更新日も記しておくと便利です。

また、契約解除方法が非常にわかりにくいサービスもあります。更新日の直前に解約しようとしたが解除方法がわからない、ユーザーサポートの電話がつながらない等のトラブルが頻発しているので、事前に契約解除方法を確認しておくことが必要です。

利用料金と使用量の把握

- 加入しているサブスクリプションの一覧表を作成する
- それぞれの料金や支出総額を把握し、単月だけなく、6か月、1年、3年など、中・長期での支払い額を考える
- 契約は、1カテゴリーで1つにし、不要なものは買わないように気を付ける
- 目標の利用回数を下回る場合、解約も考える

契約内容や契約更新日のチェック

- 「お試し」や「無料」のつもりが、月額契約になっていないか、事前にチェックする
- 契約が自動更新になっていたら「オフ」にする
- 事前に自動契約解除設定ができない場合、更新日と契約解除方法を確認のうえ、不要であれば更新前に解除する

購入前の試用や商品変更の活用

- 次世代型や高価な商品を購入前に試用することで、購入すべきか判断できる
- 子どもの成長に合わせた「ベビーカーの乗り換え放題」のような、商品変更ができるサービスを活用する

購入前に試用できるサブスクリプション

次世代型の製品や使ったことのないメーカーの製品は、購入すべきかどうか判断がつかないことがあります。このような場合、購入前に試用できるタイプのサブスクリプションが有効です。

「ルンバ」に代表されるロボット掃除機は、「高価」という印象があることや家庭環境に合うかわからないという不安があるため、日本での普及は進んでいないのが実情です。そこで、iRobot（アイロボット）は Rentio と提携して、サブスクリプション・サービス Robot Smart Plan ＋（ロボットスマートプランプラス）の展開をはじめました。このサブスクリプションでは、ロボット掃除機が月額 1000 円程度から利用できるコースがあり、契約期間中はメーカーの保障対象となるサービスもあります。一定期間の利用後は解約も可能で、契約満了後は所有権がユーザーに移転するサービスもあります。メーカー側には、初期費用を抑えて購入のハードルを下げたり、普及率を上げて評判を高めたりしたいという狙いがあります。

「おためし 2 週間コース」と「あんしん継続コース」から、「ルンバ」や「ブラーバ」が利用できる

このように、新しいコンセプトの商品をサブスクリプション形式で一定期間、試用してもらって購入につなげたり、契約満期終了後に進呈したりするというサービスは、今後、増加していくはずです。このようなサービスを活用することも、サブスクリプションの上手な利用方法です。

契約途中で商品を変更できるサブスクリプション

これら、中・長期的なレンタルサービスには、試用というメリットがあるだけでなく、途中で商品を変更できるメリットもあります。たとえば、Rentio では、「コンビベビーカー乗り換え放題パック」というサブスクリプションも展開しています。ベビーカーは、子どもの成長に合わせて３回程度の乗り換えが推奨されていますが、レンタルでは契約期間が終了するまで変更不可というサービスが大半です。その点、ベビーカーの Unlimited 型サブスクリプション・サービスであれば、子どもの成長度合いに合わせて最適なモデルを利用することができます。同様のコンセプトで、今後はベビーベッドやチャイルドシートなどのサブスクリプションも登場してくることが予想され、利用する側には費用的なメリットの大きいサービスになります。

子どもの成長度合いやライフスタイルに応じて、高機能なＡ型から持ち運びに便利な軽量タイプのＡ型、さらに軽量なＢ型へ、ベビーカーを同じ月額料のまま段階的に使い分けることができる

Chapter 5

04

ビジネスに役立つ
サブスクリプションの
利用方法

サブスクリプション活用で貸借対照表をスリム化

企業やビジネスパーソンを対象にしたさまざまな分野のサブスクリプション・サービスが登場しています。

貸借対照表（B／S〈Balance Sheet〉、バランスシート）は、「損益計算書」「キャッシュフロー計算書」と並ぶ企業の主要な決算書であり、決算日時点の財務状態が表されています。貸借対照表の左側には、企業が保有している「資産」となる現金、預金、売掛金、建物・土地など、資金がどのように保有・運用されているかを表しています。貸借対照表の右側は、企業が事業に使用する資産を入手するために、どのような方法で資金を調達したのかを表していて、調達方法によって「負債」と「純資産」に分かれています。負債は返済義務のある債務で、純資産は資本金など返済義務のない資産です。

貸借対照表の構造

資産	負債	
流動資産 　現金、預金 　売掛金、商品	流動負債 　買掛金、短期借入金	固定負債 　社債、長期借入金
固定資産 　建物・土地 　設備、備品	純資産	
	株主資本、その他 　資本金、利益余剰金など	
資金運用状況	資金調達状況	

貸借対照表の左側は企業が運用している資金を表す。右側は企業が調達した資金を表し、返済義務のある「負債」と返済義務のない「純資産」に分かれる

また、企業の経営成果を測定する指標として、「ROA（Return On Assets、総資産利益率）」があります。これは、企業の総資産に対して、どれほど効率的に利益が生み出されているかを測る重要な指標で、ROAの数値が高いほど資産を有効に活用し、効率的に経営がなされていると判断されます。

ROA（総資産利益率）（%）＝（当期純利益／総資産）×100

ROAを向上させていく方法は2つあります。1つは、分子である当期純利益を増やしていくことです。これは、売上高を増やして費用を減らすことで実現します。もう1つが、分母の総資産を減らす方法です。これには、在庫を減らす、滞留債権を処理するなどに加え、不要な設備を売却するという方法も有効です。不要不急の資産を現金化し、借入金を返済することで、資産規模を圧縮することができます。企業が保有している資産を点検して、無駄と思われる資産を縮小することを「貸借対照表のスリム化」と言います。

保有している資産や設備を売却するなどして、レンタルやレンタル型サブスクリプションに切り替えることで、資産として貸借対照表に計上せず、経費として処理することができます。このような処理は、貸借対照表（バランスシート）から資産をオフにするため、「オフバランス」と呼ばれることもあります。

たとえば、IT関連のソフトウェアをクラウド・SaaS型サブスクリプションに切り替えることでも、オフバランス化が可能です。また、自社でサーバーを保有したり、業務システムを独自に構築したりするオンプレミス型でなくても、クラウドサービスで代用できるのであれば、資産の圧縮につながります。

サブスクリプションで享受する先端技術やサポート

建設機械メーカーのコマツが 2015 年から展開している「スマート
コンストラクション」は、建設現場のあらゆるモノやコトのデータ
を IT でつなぎ、工事全体を可視化することにより、より安全で生
産性の高い現場をつくり出していく IoT サービスです。

このサービスは、測量から設計、施工計画作成、施工、検査まで、
工事に関するさまざまな要素をデジタル化して、IoT プラット
フォームで管理します。ドローンを使って現況地形の測量を行い、
ドローンで撮影した画像から 3 次元データを作成、施工図面も 3
次元データ化し、この 2 つのデータを比較することで、現場で施
工作業が必要な範囲や、作業する場所の形状などを正確に算出し、
精度の高い施工計画を策定します。

施工計画が決定したら、3 次元データに基づいて、自動制御で正確
に動く IT 建機により施工します。現場は施工が可視化されてお
り、現場で急遽必要になった設計変更や施工計画の見直しに対して
も、サポートセンターとのやり取りにより現場支援が可能です。3
次元データや建機・車両データ等をはじめとする建設現場に関する
あらゆる情報は、クラウド上で一元管理され、さまざまなアプリを
利用していつでも見ることができます。

スマートコンストラクションは、従来のような建設機械販売・レン
タル事業にとどまらず、顧客が抱えている課題と目標を特定し、顧
客ごとの課題に適したソリューションパッケージを個別に提供する
ビジネスモデルを展開しています。このため、ソリューションの特
性に応じて、販売、レンタル、サブスクリプション等の形態で提供
されています。

この事例のように、機器・機材を購入するだけでなく、サブスクリプションによって先端技術や付随するサポートを享受できるというサービスも、今後、数多く登場してくるはずです。

財務省の調査によれば、企業が「活用したくてもできない先端技術」として挙げられているのは、AI、ロボット、ビッグデータ、IoT などの分野です。活用できない理由として、人材（IT 技術者等）の不足、費用対効果の低さ、資金不足などが挙げられているため、人・費用・知識の解決策も含めたサービスは、今後、高い需要が見込めます。自社では限界のある先端技術の導入をサブスクリプションによって実現することも、企業メリットの 1 つと言えるでしょう。

コマツの「スマートコンストラクション」

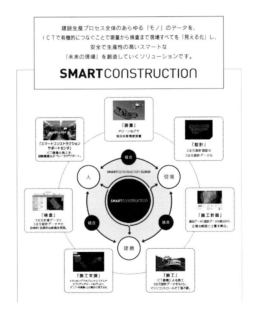

建設現場のあらゆる情報を IT でつなぎ、安全で生産性の高い「未来の現場」を実現させていくための、コマツのソリューション事業「スマートコンストラクション」（コマツ Web サイトより）

農業におけるサブスクリプション・サービス

就労人口の減少や少子高齢化は日本の社会的な課題であり、物流業界だけでなく、建設、土木、介護福祉、農業などの分野における人手不足は深刻です。こうした社会環境を背景に、作業者の負担を軽減するシステムの重要性はますます高まっています。そして、このようなニーズに対応したサービスを、価格を抑えたサブスクリプション形式で提供する事業者が登場しています。

農業機械や水関連機器などで知られるクボタは、圃場（田畑など、農産物を育てる場所）の適正管理や省力化による作業者の負担軽減、生産品の高付加価値化などの現代の農業における課題を解決するため、データに基づく営農を支援する「クボタスマートアグリシステム（KSAS）」を提供しています。このシステムは、農機の稼働情報と圃場、作業、収穫などに関する情報をクラウドで一元的に管理し、可視化することで、データに基づくPDCA型の農業経営を実現するものです。その主な特徴は、電子地図を用いて圃場地図を作成したり、パソコンやスマートフォンから日々の作業指示や作業記録を簡単に作成したりできることと、KSAS対応農機と連動して、作物の収量やタンパクの値を記録したり、KSASで設定した肥料情報を農機に送信したりできることです。

KSAS営農コースは、1年目無料、2年目から月額2000円というリーズナブルな価格のサブスクリプション・サービスです。複数人メンバーがいる場合は、アカウントを無料でいくつでも作成できるので、組織全体でKSASの情報を共有できます。KSASは現場農家の声をもとに、サービス開始から40回以上バージョンアップを重ね、現在も日々進化しています。

サブスクリプションによるテレワーク支援

クラウド・SaaS 型サブスクリプションで注目を浴びているのは、2020 年に新型コロナウィルス感染拡大の影響により増加したテレワーク関連のサービスです。

テレワークに役立つサービスとして注目されているのは、ビジネスチャット系や Web 会議系のコミュニケーションツールです。ビジネスチャット系ツールには、タスク管理やファイル管理に加え、ビデオ音声通話ができるサービスもあります。一方、会議の機能に特化して、人数が多くても対応できるのが Web 会議系ツールです。ビジネス用として提供されるツールのほとんどは、人数ベースの従量課金制になっています。1 人当たりの月額利用料は数百円から数千円と幅がありますが、なかには、Skype（スカイプ）のように、無料で利用できるものもあります。

さらに、チーム内の情報共有や業務の進捗管理などが行えるグループウェア機能を充実させたサービスも利用者を増やしています。このようなツールは、オフィスワークに必要なファイル転送や画面共有、会議の録画、暗号化など、さまざまな機能を備えています。

現在、サブスクリプションやフリーミアム（Freemium）を含めて、多くのテレワーク関連サービスが存在していますが、ビジネス利用においては、セキュリティ対策に配慮することも重要です。クラウドサービスを利用する場合は、サービス提供事業者がどのようなセキュリティ対策を取っているのかを検討したうえで採用決定すべきです。また、テレワークにおける社内のセキュリティ管理は、社内ルールの策定、メンバーのルール遵守、技術的対策など、ルール・人・技術のバランスの取れた施策が必要となります。

サブスクリプションを進化させるデジタルテクノロジー

AI、IoT、5Gが創造する新サービス

現代型サブスクリプションは、さまざまなデジタルテクノロジーに支えられて成立しています。IoTの普及で多くのモノがインターネットにつながり、大量のデータが送受信されるようになりますが、これを支えるのが高速・大容量、同時多数接続、低遅延を実現する次世代通信システムの5Gです。IoTによって大量のデータが収集されるようになると、これを処理するコンピューターも、より高度な能力が要求されるようになります。ここで威力を発揮するのが、人間と同じような知的処理まで可能にするAIです。このように、AI、IoT、5Gの3者が連動することで、新たなサービスが立ち上がってきます。

コネクテッドカーから自動運転車へ

AI、IoT、5Gが連動して生み出す新しいサービスとして期待が高まっているのは、インターネットへの接続機能を有したコネクテッドカーと、その延長線上にある自動運転車です。コネクテッドカーの普及は、緊急通報システムやテレマティクス保険、さらにはマルチモーダル・モビリティサービスなど、さまざまなサービスの拡大につながっていきます。富士経済によれば、コネクテッドカーの世界新車販売台数は、2019年の3120万台から2035年には9420万台へと急激に拡大すると見込まれています。また、世界新車販売台数に占めるコネクテッドカー比率は、2035年に乗用車で80%、商用車で75%に増加すると予測されています。

現在、自動車メーカー各社は専用通信機を標準搭載して、コネクテッドサービスを利用できる車種を拡大しています。また、レンタルでも、コネクテッドカーを貸し出す動きがはじまっており、リースやサブスクリプションによるサービスの登場が見込まれています。

コネクテッドカーの普及で拡大するサービス

コネクテッドカーの普及によって拡大が期待されるサービスとしては、事故や災害の際に緊急通報を送れるような「エージェント分野」、道路・交通状況を運転手や自動車に伝えて安全運転を支援する「セーフティ分野」、動画の視聴や車内から自宅の家電を操作するなど、快適・便利を目的とした「インフォテインメント分野」、自動車の各種情報を分析して車両管理などに役立てる「カーライフサポート分野」の4つに大別されます。

すでに、専用通信機標準搭載車で利用されているサービスとしては、緊急通報サービスや盗難防止・盗難車追跡サービス、エージェント系サービス、スマホ連動サービスなどがあります。エージェント系サービスでは、オペレーターに口頭で情報検索を依頼したり、高速走行中に車のふらつきを検知すると注意喚起したりする危険回避サービスなどが実用化されています。また、スマートフォンと自動車が連動することで、駐車位置を確認したり、エンジンオイルの量をチェックしたりすることなども可能になります。

テレマティクス保険とは、自動車に取り付けた専用機器が走行距離やドライバーの運転特性を測定・送信し、そのデータを保険会社が分析して、個別のリスクに応じて保険料が決まるというものです。運転情報に良い評価がつけば保険料は安くなり、悪い評価がつけば保険料は高くなるというしくみになっています。

自動運転車の現状

コネクテッドカーの延長線上にあるのが自動運転車です。自動運転車は「運転操作が自動化される車」のことですが、「自動運転」は5段階にレベル分けされています。

レベル1　運転支援：単一機能の作動
レベル2　部分運転自動化：複数機能の統合制御
レベル3　条件付き運転自動化：一定条件下での自動運転
　　　　　（運転手の監視付き）
レベル4　高度運転自動化：特定条件下での完全自動運転
レベル5　完全運転自動化：条件なしでのシステムの自動運転

2020年時点で、日本はレベル3の実用化段階まで到達しつつあります。この段階では、限定領域において、システムが操舵、加速、制動を行い、緊急時などを除き、ドライバーはハンドルを保持する必要がありません。現在、レベル3の対象とされているのが、たとえば「高速道路での走行」です。レベル4になると、特定の条件下であれば、運転操作の主体が完全にシステムになります。これは、2025年を目標に、高速道路での実現を目指しています。しかし公共交通機関では、レベル4の実用化を先行させる予定であり、2020年の開始を目標に、各地で実証実験が行われています。

自動運転サービス＋MaaSの流れ

自動運転車や公共交通向け自動運転サービスは、MaaS関連の新たなサービスやビジネスを生み出していきます。日本では人口減少と高齢化が進んでいますが、人口５万人以下の中規模・地方都市や郊外・過疎地域においては公共交通が衰退し、移動弱者が増加傾向にあります。また物流業界においても、Eコマースの拡大により、宅配便の取扱件数が増加しつづけているにもかかわらず、自動車運送業の担い手不足が深刻な課題となっています。

このような課題を解決するためのアプローチは、「デマンド交通」と「マルチモーダル」に大別できます。デマンド交通とは、利用者の予約に応じて運行する交通サービスで、郊外・過疎地域などではすでに導入が進んでいますが、IoTを活用することで、より柔軟なサービスが展開できます。「マイクロトランジット」と呼ばれるサービスは、準自由経路型と呼ぶべきもので、利用者のニーズに応じて、運行ルートや時刻を一定範囲内で更新して運行するものです。

公共交通におけるMaaSの展開例

デマンド交通	定期路線型		予約があった場合、定期路線を運行
	マイクロトランジット		予約に応じて、ルート・時刻を一定範囲内で更新・運行
	自由経路型	タクシー配車	配車アプリで効率的に配車を行う
		相乗りタクシー	配車アプリで同方向の利用者をマッチング
マルチモーダル	観光型MaaS		観光客を対象に、複数の交通機関を統合
	郊外型MaaS		郊外住宅地の維持・発展のために、交通機関を統合

NTTドコモと京浜急行電鉄は、2019年12月から2020年2月まで、横須賀市で「AI運行バス」による実証実験を行いました。これはオンデマンドの乗合バスで、乗降場所は決まっているが走行ルートは不定というマイクロトランジット型のサービスです。NTTドコモが開発中のAI運行バスは自動運転車ではありませんが、利用者のニーズに合わせて膨大なルート候補から最適な乗降場所を算出するものです。これは、定期路線型と自由経路型の中間に位置するようなサービスであり、すでに実用段階に入っています。また、タクシー業界においてもデマンド交通への取り組みがはじまっていますが、相乗りタクシーに同方向の利用者をアプリでマッチングさせ、効率的に配送するサービスなども現れています。

マルチモーダルは、複数の交通手段をアプリで統合し、一元的な検索・予約・決済を実現するサービスで、用途・目的に合わせた取り組みがはじまっています。観光客を対象に、複数の交通機関を組み合わせて観光地までシームレスに移動できる「観光型MaaS」や、郊外住宅地の維持・発展を目的に交通手段を組み合わせる「郊外型MaaS」などが登場しています。

横須賀市でNTTドコモと京浜急行電鉄が実証実験を行った「AI運行バス」。鉄道駅・バス停付近や病院、スーパーなど、35か所の乗降ポイントが設置された（写真提供：Engadget）

実用化が進む公共向け自動運転サービス

このような流れの中、2020年から、さまざまな公共交通向け自動運転サービスが実用化されていく予定です。

茨城県境町では、2020年内に全国に先駆けて、町内の移動手段としての自律走行バスの定時・定路線運行が開始される予定です。運行プラットフォームから複数の自動運転車両を遠隔管理・監視するシステムを活用して運営され、町内の医療施設や郵便局、学校、銀行などをつなぐ往復5kmのルートを運行します。境町では、高齢化に伴う免許返納者の増加や鉄道駅の不足、バス・タクシードライバーの不足などの課題を抱えており、この新しいモビリティサービスが移動手段の拡充になることを期待しています。

茨城県境町で運行される自律走行バス「NAVYA ARMA（ナビヤアルマ）」（写真提供：BOLDLY）

多様化するMaaSに、無人バスやロボタクシーなど、自動運転サービスを組み合わせ、ドライバーの担い手減少に対応していくのが次世代の交通手段であり、境町の事例のように、すでに実用化の段階に到達しているものも数多くあります。そして、定額で複数の交通機関が乗り放題で使えるサブスクリプション・サービスも、間もなく登場することが期待されています。

サブスクリプションを変革するエンターテインメント

5Gとの連携で変わるライブイベントの楽しみ方

2020 年現在、新型コロナウィルス感染拡大の影響により、スポーツの試合やコンサートなど、ライブイベントの開催が難しくなっています。そこで注目が高まってくるのが、ライブコンテンツの動画配信です。単なる動画再生であれば 4G でも十分楽しめますが、高速・大容量、同時多数接続、低遅延を実現する 5G であれば、より臨場感のあるライブイベントを楽しむことが可能になります。5G は、より高詳細な映像を配信できるだけでなく、マルチアングルによる映像の配信も可能です。これはライブイベントのアーティストやスポーツの試合中の選手などをあらゆる角度から撮影し、その映像を同時に配信するというもので、視聴者はあらゆる角度からイベントを視聴することができるようになります。

NTT ドコモの「新体感ライブ CONNECT」は、アーティストのライブをリアルタイム配信で楽しめるだけでなく、マルチアングルや高詳細な 8K 映像を VR（Virtual Reality、仮想現実）で楽しめる機能などを提供するサービスです。またソフトバンクも、5G ならではの視聴体験ができるサービス「5G LAB」を開始しています。これは、アーティストのライブ映像などを VR やマルチアングルで楽しめたり、AR（Augmented Reality、拡張現実）技術を活用したコンテンツを体験できたりするもので、月額で利用できるサブスクリプション・サービスです。5G で楽しめる最先端のデジタル・エンターテインメントは、サブスクリプションを変革する重要な分野です。

ゲーム分野に拡大するサブスクリプション

任天堂やソニーのゲーム事業は、従来、専用端末機とゲームディスクを販売するビジネスモデルでした。しかし、ソニーがサブスクリプション・サービスをゲーム事業に取り込み、成功したことで、業界の流れが変わりつつあります。ソニーは、2006年から会員制ネットワークサービスを開始し、オンライン対戦やチャット機能が楽しめる月額制のPlayStation Plus（PS Plus）は、世界中で3600万人の会員を集めるまでになっています。さらに、PS4だけでなくWindowsパソコンでも楽しめるPlayStation Now（PS Now）では、月額1180円からの定額制で400タイトル以上のゲームが遊び放題になるクラウド型サブスクリプションを展開しています。

Appleも、月額600円で100タイトル以上のゲームが楽しめるApple Arcade（アップル・アーケード）を2019年9月から開始しています。またGoogleも、2019年11月からクラウド型ゲームサービスStadia（スタディア）でゲーム業界に参入しました。欧米からサービスが開始されていて、月額9.99ドルと、PS Nowを意識した料金設定になっています。

動画や音楽の配信サービスが、買い切り型から定額制のUnlimited型配信に移行していったように、ゲーム業界もクラウドベースのUnlimited型サブスクリプションに移行していくのは間違いありません。すでに多くの利用者を獲得している動画・音楽配信に加え、メディア、ライブコンテンツ、ゲームなどがサブスクリプション・サービスに移行していくことで、今後デジタル・エンターテインメントの利用は、サブスクリプションを中心に展開していくはずです。

サブスクリプションも貢献する「Society5.0」

現代型サブスクリプションは、クラウドやネットマーケティング、さらにはAIやIoT、5Gなど、さまざまな先端のデジタルテクノロジーに支えられています。そして、デジタルとモノ以外にも、教育やセキュリティ、各種サービス、飲食など、あらゆる商品・サービスにサブスクリプションが導入されており、この流れは将来的にさらに拡大していくでしょう。しかし、すべてがサブスクリプションに置き換わるということではなく、購入、レンタル、リース、シェアリングに加え、サブスクリプションという選択肢が増え、より利便性が増していくということです。利用者は自分の目的に合わせて、より柔軟に利用形態を選択できるようになるのです。

ネットマーケティングでは、さまざまなターゲティング技術が進化してきましたが、それらは「売る」ための技術深耕でした。今後は、「継続利用してもらう」ための技術進化が求められます。そのためには、利用者が商品やサービスを十分に使いこなし、目的を達成するための価値あるアドバイスを提供できるかどうかが重要になります。スマートフォンには、AppleのSiri（シリ）など、パーソナルアシスタント機能が搭載されるようになってきていますが、将来的には、人間の判断を補完してくれるアドバイザー機能を備えたサービスも拡大していくことでしょう。

AIとIoT、5Gが連携して新たなサービスが生まれてきたように、今後の世界はデジタルとモノが高度に融合されていくようになります。モノとは、身の回りの日用品などに限らず、自動車や機械、さらには工場全体、農地、交通網、街全体など、エリアレベルにまで拡大していきます。このように、デジタルと現実世界が高度に融合して、経済が発展するだけでなく、社会的な課題を解決していく世

界を「Society5.0」と呼びます。私たちはサブスクリプションの利用を通じて、このような新しい社会の到来を実感することができるはずです。

デジタルとモノが高度に融合する世界

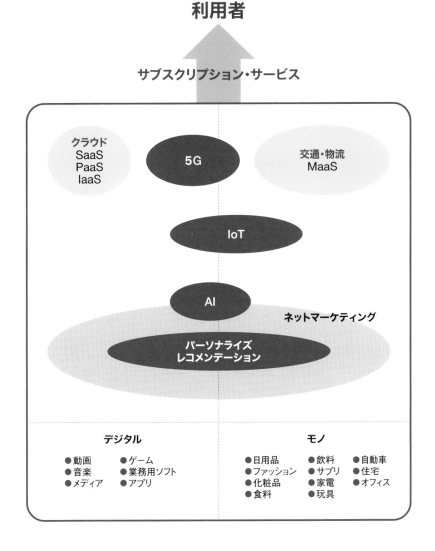

利用者

サブスクリプション・サービス

クラウド
SaaS
PaaS
IaaS

5G

交通・物流
MaaS

IoT

AI

ネットマーケティング

パーソナライズ
レコメンデーション

デジタル
- 動画
- 音楽
- メディア
- ゲーム
- 業務用ソフト
- アプリ

モノ
- 日用品
- ファッション
- 化粧品
- 食料
- 飲料
- サプリ
- 家電
- 玩具
- 自動車
- 住宅
- オフィス

さくいん

参考文献

『事例で学ぶサブスクリプション』小宮紳一、秀和システム、2019年
『2019年版 MaaS市場の実態と将来予測』矢野経済研究所、2018年
『ソフトウェアビジネス新市場 2019年版』富士キメラ総研、2019年
『コネクテッドカー・V2X・自動運転関連市場の将来展望 2020』富士経済、2020年
『コネクテッドカー関連市場の現状とテレマティクス戦略 2019』富士経済、2019年

「令和元年通信利用動向調査」総務省
「平成30年通信利用動向調査」総務省
「令和元年版 情報通信白書」総務省
「平成30年版 情報通信白書」総務省
「平成27年版 情報通信白書」総務省
「平成29年版 消費者白書」消費者庁
「サブスクリプション（定額）型サービスに関する調査」マクロミル、2018年
「サブスクリプションBOXに関する調査」スナックミー、2019年
「RPA（ロボティック・プロセス・オートメーション）市場規模推移・予測」矢野経済研究所、2019年
「動画配信（VOD）市場5年間予測（2020-2024年）レポート」GEM Partners、2020年

「Presentation 2nd Quarter 2020」Stitch Fix、2020年
「2019 Fourth-Quarter and Full-Year Results and Announces Dividend Increase」
　The New York Times Company Reports、2019年
「Investor Presentation 1st Quarter 2019」Blue Apron、2019年
「Thinking inside the subscription box: New research on e-commerce consumers」
　McKinsey&Company、2018年

写真提供

GreyOrange、三菱商事、Little Passports、日本特殊陶業、HafH、iRobot、Rentio、
コマツ、Engadget、BOLDLY（順不同、敬称略）

＊本書の情報は2020年8月時点のものです。本書に掲載のサブスクリプション・サービスを利用される際
　には、最新のサービス内容、料金等の確認を行ってください。

著者略歴	小宮紳一　こみや・しんいち
	青山学院大学大学院国際マネジメント研究科、博士課程修了。博士（経営管理）。現在、サイバー大学教授。専門はマーケティング、ネットマーケティング。ソフトバンクでIT関連の雑誌編集長やグループ会社の代表・役員を歴任。その後、株式会社グローバルマイン代表として多くの企業と協働して事業展開し、シニア向けスマートフォンの開発などを行う。著書に『事例で学ぶサブスクリプション』『スマホ決済の選び方と導入がズバリわかる本』『ITトレンドの動向と関連技術がよ〜くわかる本』（以上、秀和システム）など、IT分野のさまざまなテーマをわかりやすく伝えることに定評がある。
イラスト・カバーデザイン	小林大吾（安田タイル工業）
紙面デザイン	阿部泰之

やさしく知りたい先端科学シリーズ7

サブスクリプション　　2020年10月30日　第1版第1刷発行

著　　者	小宮紳一
発 行 者	矢部敬一
発 行 所	株式会社 創元社
	本　社　〒541-0047 大阪市中央区淡路町4-3-6 電話 06-6231-9010（代）
	東京支店　〒101-0051 東京都千代田区神田神保町1-2 田辺ビル 電話 03-6811-0662（代）
ホームページ	https://www.sogensha.co.jp/
印　　刷	図書印刷

本書の感想をお寄せください

投稿フォームはこちらから ▶ ▶ ▶

やさしく知りたい先端科学シリーズ1
ベイズ統計学

松原 望 著

数学が苦手でも、文系でも、今すぐ基本を知りたい人に。最もやさしく、わかりやすいベイズ統計のしくみ。人文・社会科学から自然科学まで多分野に対応した基本理論と実例をイラスト図解。

やさしく知りたい先端科学シリーズ2
ディープラーニング

谷田部 卓 著

ゼロからはじめる機械学習の基本早わかり。AI、人工知能の爆発進化の鍵となる基本理論と実例をイラスト図解。プログラミングの知識がなくてもわかる、最もやさしいディープラーニング入門。

やさしく知りたい先端科学シリーズ3
シンギュラリティ

神崎 洋治 著

その先は楽園か、滅亡か。一挙紹介、AIが超人類となる日。ゲーム、画像認証、会話、自動運転、農業、医療介護。AI（人工知能）やロボット技術進化の現在と近未来を写真・イラストで解説。

やさしく知りたい先端科学シリーズ4
フィンテック FinTech

大平 公一郎 著

導入する人も、利用する人にも、ゼロからわかる金融サービス革命。スマートフォンによるキャッシュレス決済をはじめ、仮想通貨、ロボアドバイザーなど、その実例やしくみをやさしく図解。

やさしく知りたい先端科学シリーズ5
デジタルヘルスケア

武藤 正樹 監修／遊間 和子 著

ICTを活用したヘルスケアデータ管理や遠隔治療、手術や介護をサポートするロボットなど、超高齢化社会の切り札「デジタルヘルスケア」の実例やしくみをやさしく図解。

やさしく知りたい先端科学シリーズ6
はじめてのAI

土屋 誠司 著

そもそも人工知能とは何か、どういう歴史を歩んできたのか、どういった問題や課題があるのか、そして私たちの生活にどのような影響を与えるのか。教養としてのAI入門。

各巻:A5判・並製・144〜192ページ・定価（本体1,800円＋税）